聆聽當地居民的心聲。
是我們工作的第一步。

在田野調查時聆聽當地老奶奶的話
（大阪 余野川專案）

跳脫設計工作，
轉為發掘人性，

學習如何善用當地
植物烹煮豐盛料理
的家島婆婆媽媽們
（兵庫 家島專案）

不是打造出只讓一百萬人來訪一次的島嶼，
而是規畫出能讓一萬人造訪一百次的島嶼。

可看清提供者長相的特產品海報
（兵庫 家島專案）

城鎮裡不可或缺的百貨公司。

可讓當地社群充分利
用的百貨公司
（鹿兒島 丸屋花園）

一個人能做的事，
十個人能做的事，
一百個人能做的事，
一千個人能做的事。

「島境探訪」專案活動中發現的「萬體地藏苑」裡的地藏菩薩群
（兵庫 家島專案）

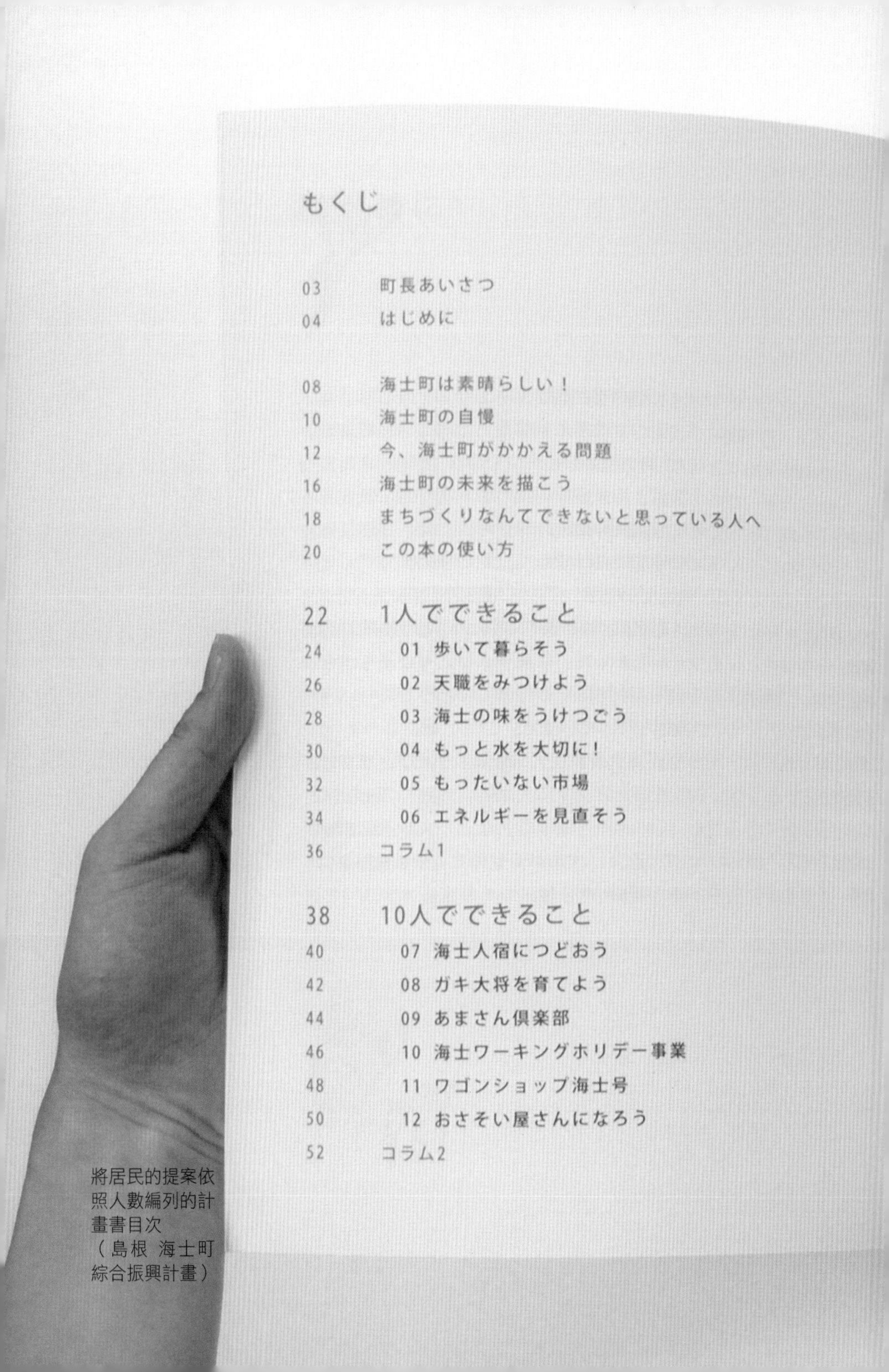

もくじ

將居民的提案依照人數編列的計畫書目次（島根 海士町綜合振興計畫）

發現問題後，立刻著手撰寫企畫書。
接著因應各方需求再三修改。

在「放學後+design」專案中與學生們分享兒童方面的問題
（+design專案）

設計是用來解決社會課題的工具。

與當地大叔們打
成一片的學生們
（大阪 余野川
水庫專案）

這個世界還有變得更好的可能。

社區設計

Community Design

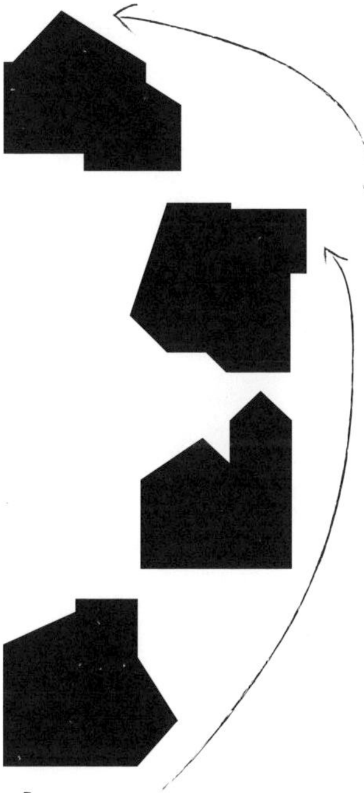

コミュニティデザイン：
人がつながるしくみをつくる

重新思考「社區」定義，
不只設計空間，
更要設計「人與人之間的連結」。

山崎亮

莊雅琇 譯

各界推薦（依姓氏筆畫排列）

在書中看到的是山崎亮先生十多年來歲月經驗與專業智慧的結晶，具體提供想要或正在從事社區設計的人士，豐富多元的案例與精闢詳細的敘述。但就如同文本最後所言：不可忽視的社群龐大力量與行政職員缺乏行政參與之衝突，也正是臺灣所面臨的困頓和轉機。

——王耀東（社區營造工作者）

究竟我們的社會需要的是什麼？而何者又能凌駕於物質、金錢等可見的價值之上，帶給我們更美好的生活呢？本書以平實有趣的文字，描述各種充滿溫暖人心的社會實踐案例，許多是我們立刻可以起而效尤的故事。從事社區總體營造，需要有不輕易放棄的纏人工夫、體貼又誠懇的說服能力，讓讀者了解硬體建設尚需要社區人們的熱情參與，因應民眾的需求而生，進而讓它成為不可或缺的存在，才是真正的永續之道。

——林宜珍（前財團法人忠泰建築文化藝術基金會秘書長）

這是一本透過日本經驗學習社區設計與社會設計的精彩作品，選擇的案例非常有故事性，涵蓋的主題多樣豐富。對於讀者來說是友善閱讀的，整體的寫作風格和編排方式也展現出社會設計的精神，值得大力推薦。

——陳東升（臺灣大學社會學系教授）

這本書文筆平易近人，生動的故事背後有作者對社會如何運作的深刻領悟。「設計」就是解決真實確切的問題的過程與方法，十六個案例直指「社區設計」是透過社群網絡串連、合縱連橫、存異求群地解決社區中各種課題，取代了專業分門分科、將社區去異求同的老路子，活靈活現勾勒了社區、環境、景觀、建築如何再現社群及其Networking。這本書為臺灣過去已累積多年經驗之「社區總體營造」提供了進階、躍昇的柴火，值得跨界閱讀咀嚼！

——連振佑（朝陽科技大學景觀及都市設計系副教授）

什麼是「設計」？作者山崎亮相信最重要的是「透過設計的力量凝聚社群」，尤其在這逐漸無緣的社會中。這一點說得簡潔，實踐起來卻不容易，需要認識思考的持續檢討，更要「慢慢磨」的社群經營。很高興有這一本書，集結了精彩有趣的實踐案例，經驗中有青年專業團隊的誠懇反省，讓我們看見「設計」的關鍵不在於風格姿態，而是締結關係的社會關懷，去締結人、城鄉、生態系統之間的良善關係。

——黃舒楣（臺灣大學建築與城鄉研究所副教授）

不只設計看得見的空間，更要設計看不見的「人與人之間的連結」。如果你厭倦圖桌前的日以繼夜，如果你關心著空間背後的人群，這本書提供了豐富的線索，接下來請您起身走進人群，因為答案必須自己找尋。

——黃鼎堯（土溝農村美術館創辦人）

山崎亮的社區設計實為「社會設計」，其目的不在於空間設計本身，而是透過參與過程，將使用者轉化為積極的「社群」，讓他們著手於空間規畫、經營管理、活動設計、甚至地方產業活化、永續發展等方案。因此社區設計有引動想像、開展對話、凝聚力量、發展潛能等社會目的。山崎亮的十六個案例有如日本各類型空間矛盾的處方籤，它反映了深刻的社會課題，但也樂觀地提出「社群」做為關鍵答案。

——黃麗玲（臺灣大學建築與城鄉研究所副教授）

對任何一個社會而言，談論社區營造的書永遠都不嫌多！臺灣亦然。社區營造鼓勵居民參與，因著居民參與，也讓許多專業變得更不一樣。社區空間設計就是最好的例子。社區空間改造有賴空間專業者（建築師、景觀設計師等）協助，但專業者如果未能改變心態，大多數都會在社區鎩羽而歸。二十五年前我們成立「專業者都市改革組織」（OURs）時，就一再提倡參與式設計，也累積了一些經驗，可惜並未有人加以整理出版，日本的經驗反而先漂洋過來了。本書的確是專業者、社造幹部以及政策執行者最好的參考。期望它除了豐富我們的視野之外，也可激發臺灣更多案例，終有一日也出版臺灣的社區設計！

——曾旭正（臺南藝術大學建築藝術研究所教授）

境化，透過與環境的對話，讓人從環境中，得到生命的養分，是社區設計的境界。如何站在使用者的角度，在參與的過程，增強人與環境的互動，引發認同、愛惜的情愫，如此的空間會形成一股無形的正能量，令人喜愛，也會吸引更多人的付出。這種結合有形與無形的社區設計，是提升生活品質與推動社區治理的重要方法，在作者的經驗中，見證了這個觀點。

——廖嘉展（新故鄉文教基金會董事長）

未來將是以使用者趨向的世代，而山崎亮看到了這個可以真正解決問題的方法——社區設計（在臺灣稱為參與式設計）。城市緊縮帶來的挑戰，如何突破藍圖式規畫思維，將人與人之間的關係，也納入時間面向的設計，這是最難的，而山崎亮做到了。社區營造在臺灣受到政治經濟的影響，許多空間環境仍百廢待舉。各地方建設應使「行政參與」趕緊跟上「居民參與」的腳步，以「社區設計」方法重新定位地方發展。相信本書是所有企求革新的空間專業相關領域工作者期盼的解答。

——劉柏宏（中華民國景觀學會名譽理事長）

從聆聽民眾心聲開始，設計者化身孩子王，從遊戲中建造人性互動公園，在田野中尋找善用公共空間的人，組織醫院園藝治療，帶領島境探訪，重建人、生活、環境、產業的社區網絡，化解水庫、高層住宅爭端，綠化市民百貨公司，再生木材加工廠。景觀建築師山崎亮在本書分享了社區設計如何牽起人際牽繫，對抗無血緣、無地緣社會的疏離孤獨，活絡人口凋零的偏鄉，療癒網路成癮的城市，是所有關心臺灣高齡化、少子女化社會者都值得閱讀的一本書。

——戴伯芬（輔仁大學社會系教授）

臺灣版序

《社區設計》即將在臺灣出版，我感到非常地開心。至今，我曾到過臺灣兩次，發現臺灣的都市與日本一樣，硬體部分都已有相當程度的完備，接下來應該會轉而追求軟體部分的建設吧。政府或行政體系的財源或許不足以源源不絕地供應軟體部份的需求，因此，一座都市的軟體，必須由身處這座都市的每個人自行創造。在這種趨勢下，今後「社區設計」在臺灣也會變得越來越重要才是。

我聽說臺灣有「社區企畫師」這個職業。對社區的需要進行規畫，並在居民參與型的活動中扮演引導者的角色。我認為這是一個非常優良的制度，但是我也聽說，由於社區企畫師沒有設計相關的學習經驗，因此時常發生活動的立意良好，但呈現的方式不夠帥氣、做出來的東西不甚好看等問題。進行社區活動之際，好看、可愛、帥氣、有趣、美味等訴諸感性的部分也是非常重要的。若忽略了這點，就無法讓更多的人產生共鳴、增加認同，容易被外界認為只是少數人的活動而已。

特別是，常常只有高齡者願意參與社區的活動，即使希望號召年輕人的力量，但不知道該怎麼做才能吸引他們。我認為這時社區企畫師就必須成為「社區設計師」，催生「好看」的計畫。

說到「設計」這個領域，各位可能會感覺好像只有專家才能參與，但其實「由許多素人與專家共同合作進行設計」的方式也是可行的。社區設計是由素人與專家共同合作產出美麗的「物」或「事」，雖不能說是專業的設計，卻也不是業餘。透過這樣的活動，參加的人們相互連結、成為朋友，對居住的城鎮產生情感後，素人與專家雙方都會自願繼續參與。而「社區設計」即是促成這一切的幕後功臣。若各位讀者能從本書中感受到社區設計的快樂，對我來說就是莫大的榮幸了。

山崎　亮

前言

「社區設計（Community Design）」一詞，聽起來也許陌生，感覺像是新創的詞語。但是早在一九六〇年左右這個名詞便已有人使用，不過所指含意和現代有些不同。

日本在五十年前「社區設計」一詞經常出現在新市鎮（New Town）的建造過程中。新市鎮裡聚集了來自全國各地、彼此毫不相干的人們。過去的「社區設計」概念，便是思考如何透過住宅格局的規畫以及打造每個人都適用的廣場或集會場所，才能讓這些人們建立起良好的人際網絡。當時也大量使用「社區廣場」與「社區活動中心」的概念，因為當時人們認為，如果有一處場所供大家共同使用，自然能建構出人與人交流的網絡。因此，從前的「社區設計」，指的是住宅區的規畫。也就是設定某個地區，實施物理上的空間設計。

但本書要探討的社區設計，並不是這種住宅方面的格局規畫。五十年來，日本陸續建造了許多住宅區。有的經過精心規畫、有的則是自然形成。除此之外，還有自古以來的中心街區，以及山地、離島地區的聚落。不約而同地，這些地區的良好人際網絡正逐漸消失。現代的憂鬱症患者據說高達百萬人以上。一年有三萬人自殺，同時也有三萬人孤伶伶死去。愈來愈多屆齡退休人士不知道如何參與地區活動；年輕人除了自家與職場、自家與學校以外，只透過網路結交朋友，其中絕大多數甚至連一面都沒見過。在這五十年裡，這個國家逐步邁向「無緣社會」（譯註：日本NHK電視台於二〇一〇年播出一則探討人際關係疏離的新聞，而後發展成新創的名詞。意思為：「在高度成長過程中，維繫人際關係的諸項傳統逐漸被打破，個人與個人之間不再有任何關係及血緣。」無血緣、無地緣、無社緣、人情淡薄、不再有交集的社會，即稱為「無緣社會」），單憑住宅的格局規畫已無法處理這道課題。它也不再是依靠更新住宅或公園等物理上的設計就能解決的問題。我的興趣之所以從建築及景觀設計轉移至人際網絡的社區設計，便是由於意識到這項問題。

當然，這個問題我不是某一天才突然發覺的，而是在從事建築及景觀設計的過程中，慢慢發現「有些問題並沒有想像中那麼簡單」。這道課題在我的心中不斷發酵膨脹，使我愈來愈難以忽視它的存在。最後，我便辭去了設計事務所的工作，轉而自立門戶。

因此，我希望與我有同樣想法的設計師能閱讀這本書。除此之外，發覺光是設計建築或公園無法真正解決問題（但是深感問題必須被解決）的人；按捺不住心中想法，認為「設計不是只為了創造出人氣商品」的人；除了設計師以外，深感行政手段及專家見解所能解決的社會問題實在有限，希望為自己生活的地區盡一番心力，但不知道從何著手的人。但願上述人們都能閱讀本書，體會構築人際網絡機制的魅力。

對於從事都市計畫或社區總體營造的專家來說，「社區設計」一詞或許已是五十年前的過時說法。在英語裡，社區設計（Community Design）的概念轉化成新的意義，改稱為「社區總體營造（Community Development或Community Empowerment）」。就意義而言，新的名稱確實正確，但是卻相當拗口。感覺「社區設計」較簡潔，意思也還算相通。比起名稱，透過繼續做出更多能帶來實質效益的計畫，顛覆過去眾人對「社區設計」一詞的印象，讓社區設計的概念進一步自我更新、茁壯，我想這才是更重要的吧。

諸如景觀設計、社區設計、社會設計（Social Design），本書所提到的設計涵蓋甚廣，實在不是能憑一己之力完成的設計。例如景觀設計中的景物，根本不是某個人獨力設計而成的。社區設計也是一樣，更遑論整個社會了。

正因為如此，本書在探討這些問題時，除了筆者本身以外，也有許多其他的登場人物。書中人名及註釋甚多，主要是因為筆者本身文筆有限，但是也希望讀者能明白，這是探討社區設計時不可避免的。

前言至此告一段落，請各位開始閱讀本文。

Part 2

Part 3

Part 6

社會設計——以社區的力量解決課題

Project map

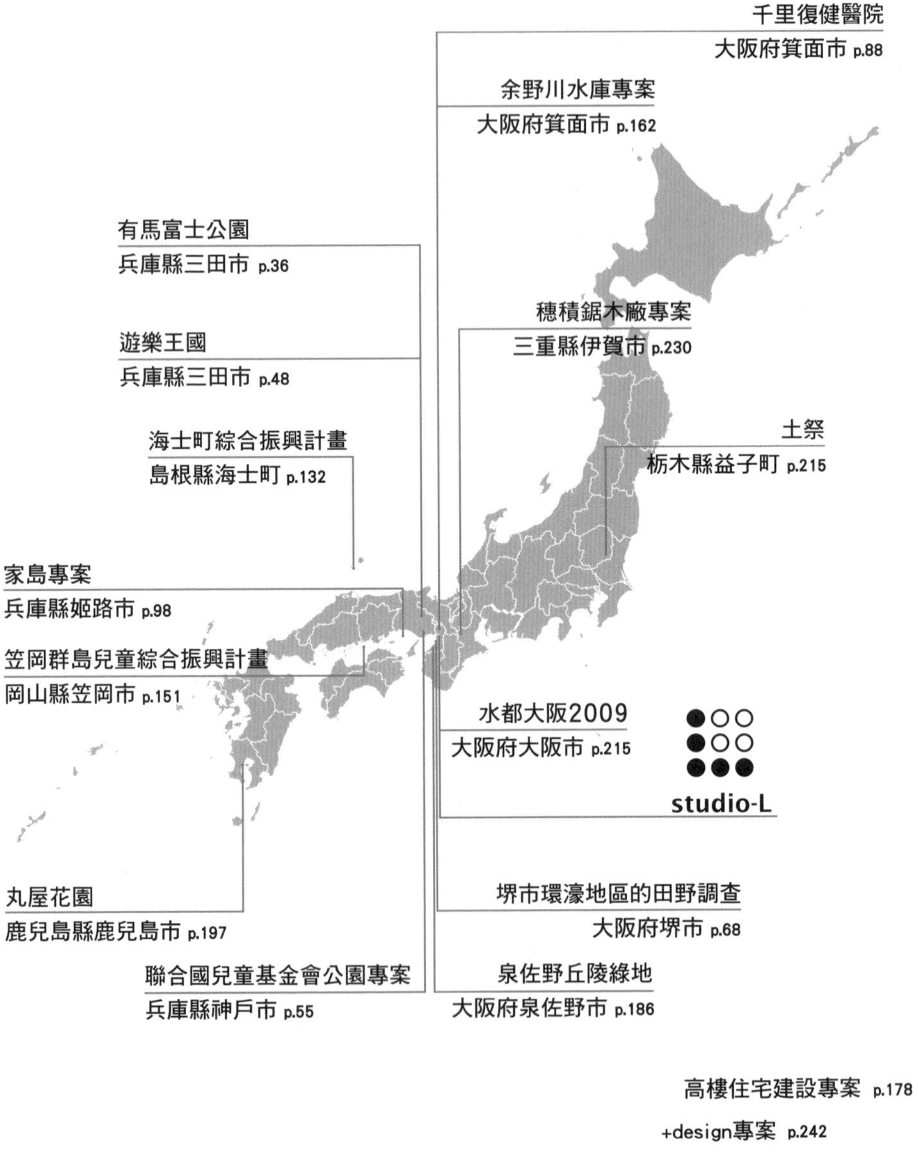
千里復健醫院
大阪府箕面市 p.88
余野川水庫專案
大阪府箕面市 p.162
有馬富士公園
兵庫縣三田市 p.36
穗積鋸木廠專案
三重縣伊賀市 p.230
遊樂王國
兵庫縣三田市 p.48
海士町綜合振興計畫
島根縣海士町 p.132
土祭
栃木縣益子町 p.215
家島專案
兵庫縣姬路市 p.98
笠岡群島兒童綜合振興計畫
岡山縣笠岡市 p.151
水都大阪2009
大阪府大阪市 p.215
studio-L
丸屋花園
鹿兒島縣鹿兒島市 p.197
堺市環濠地區的田野調查
大阪府堺市 p.68
聯合國兒童基金會公園專案
兵庫縣神戶市 p.55
泉佐野丘陵綠地
大阪府泉佐野市 p.186
高樓住宅建設專案 p.178
+design專案 p.242

Part 1

發現「人性互動」的設計

1　「人性互動」的公園

有馬富士公園｜兵庫・一九九九～二〇〇七

什麼樣的公園能讓人開心？

我在大學念的是景觀設計。宣稱可「設計景物」的景觀設計，可說是屬於大膽前衛的設計領域。從個人庭園到公園或廣場、大學校園等，全都是設計的對象。而公園的規畫設計，正是日本景觀設計的主戰場，實際上需耗費漫長時間與心力規畫空間上的各處細節。我對公園的看法自此有了改變。

換個角度看待公園，隨即有了各種體悟。不但發現設計師的堅持，也深感其中蘊含的理念。可是我也產生了一個疑問：為什麼這些極為講究的公園，絕大多數不到十年便成了乏人問津的冷清場所呢？不論當初設計得多麼用心，設計師在公園落成後幾乎不再過問。但事實上，公園開幕後，如何管理才是重點所在，管理方式決定了這座公園在十年後會變得冷冷清清或是趣味橫生。

參與有馬富士公園的管理工作，讓我開始思考這個問題。有馬富士公園是座落於兵庫縣三田市山坡的縣立公園，園區剛開幕時佔地約七〇公頃。園內除了活動中心與自然學習中心以外，也規畫了自然生態園區和兒童遊樂場等設施。這座位於山中、離最近車站步行約二十分鐘的公園，也屬於毗鄰的「兵庫縣立人與自然博物館」。就在開幕前兩年，兵庫縣政府的負責人與博物館的中瀨勳先生*1討論公園的維護方針時，焦點即著重在「公園管理」。「公園管理」是美國公園早已採行的營運模式，不是被動枯等遊客上門，而是積極舉辦各項活動吸引遊客造訪。最後他們決定讓當地居民參與管理。這是在開園前二年的事。

在決定採用居民參與型的公園管理方式後，中瀨先生聯絡我：「希望你能幫我研擬營運計畫。」當時我還任職於設計事務所*2，這便是我第一次接觸經營管理相關的工作。在此之前，自然得學習經營管理的相關知識。於是，我請了中瀨先生介紹的講師舉辦了八場*3公園管理方面的學習會。除了博物館的研究人員及行政負責人之外，也邀請當地的非營利組織（NPO）、志工團體、大學生等各界人士參與，讓所有人對於有馬富士公園的未來營運方向產生共識。

公園須效法迪士尼樂園的全心待客之道

迪士尼樂園的經營管理模式在業界或許已成了常識，當時卻是我第一次學習這方面的知識。由於迪士尼樂園的成功經驗蔚為話題，坊間也出版了一系列相關書籍，探討迪士尼樂園的經營管理。許多人讀完這些書後，便將它賣到舊書店。我至今還記得那時候在一律一百日圓的架上買了一大堆有關迪士尼樂園的書，因為事隔多時才閱讀這類書籍，頓時覺得自己跟不上時代。

與公園相比，迪士尼樂園的經營管理項目相當多，其中特別值得一提的是「演員（譯註：Cast，指工作人員）」。演員指的是唱歌跳舞的米老鼠和唐老鴨、演奏音樂的人以及清潔打掃的人，便是他們帶領我們這群來訪的「貴賓（譯註：Guest，指遊客）」前往夢幻世界。儘管遊客不會見到負責管理的東方樂園公司（譯註：Oriental Land，負責經營管理包括東京迪士尼樂園、東京迪士尼海洋在內的東京迪士尼度假區）員工，但是「演員」的存在使迪士尼樂園充滿了樂趣。說句題外話，我當時為了這項營運計畫，特地前往迪士尼樂園考察了好幾次。因為不是去遊玩，所以沒有買免費搭乘所有遊樂設施的「護照」，多數時候只購買「入場券」進園內，只有一次非常想搭乘「頑童湯姆之島巨木筏」去島上看看。因為沒有護照，我只好在園內購買搭乘券，或許是幾乎所有人都有護照的關係，我怎麼找也找不到「遊樂設施售票處」。由於實在找不到，於是問了正在打掃的人員：「請問要在哪裡買搭乘券？」對方一本正經地說：「路線有點複雜，請牢牢記住喔！」接著指指我的背後，笑著說：「近在眼前。」我回頭一看，遊樂設施的售票處正在林木扶疏間若隱若現。就連清掃人員也不忘自己的「演員」職責，費盡心思藉著指路的舉動逗樂造訪的遊客，這一點令我十分感動。

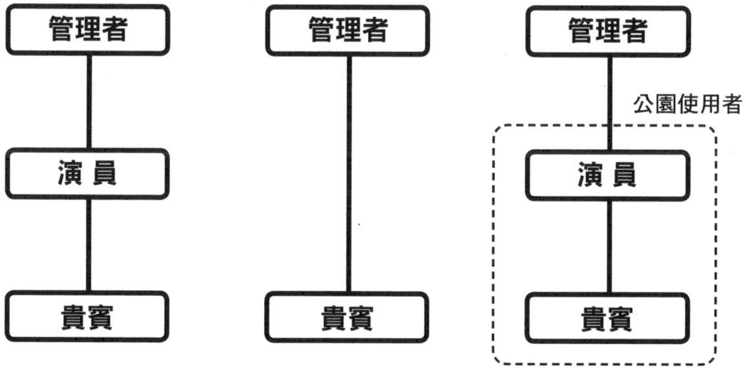

公園也需要唱作俱佳的演員。

生態觀察活動。演員與貴賓在公園相見歡。

市民參與型的公園管理

一般的公園裡並沒有「演員」。身為「貴賓」造訪公園的遊客也不會見到管理者，遊玩之後便逕自回去。公園的管理者為避免妨礙貴賓，僅僅在園內種花除草而已。既然如此，有馬富士公園是不是也需要一群像迪士尼樂園一樣，介於管理者與貴賓之間、負責說學逗唱的「演員」呢？迪士尼樂園的演員是領薪水為貴賓唱歌跳舞，可是有馬富士公園是縣立公園，不可能收取門票。這樣一來，勢必得找一群願意無償唱歌、跳舞的演員。最後得出的結論，便是「讓貴賓及演員都成為公園的使用者」。換句話說，提供表演活動的演員，以及欣賞演出的貴賓，全都是享用公

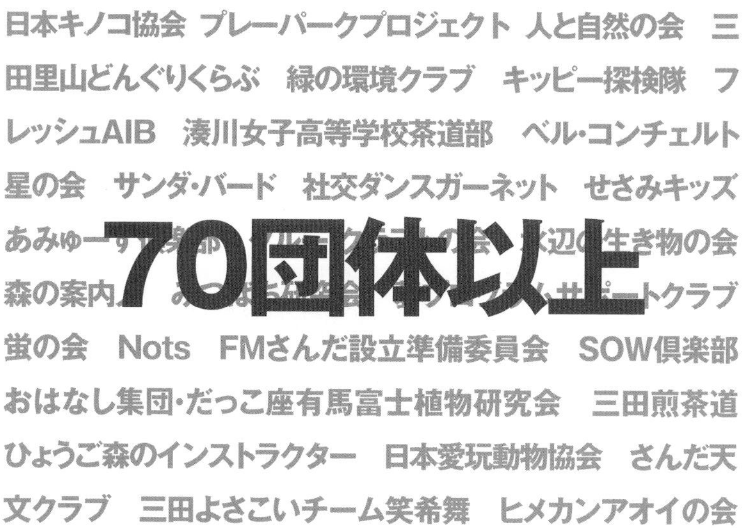

各類活動團體＝各種社群。

園空間的人。

於是，我們透過博物館探詢相關團體是否有意願擔任有馬富士公園的演員。為了尋求支持，我們首先聽取幾個團體的意見。請他們說明他們的活動內容，以及目前感到困擾的事。他們紛紛表示：「租會議室的費用太貴」、「印宣傳單很花錢」、「沒地方放活動道具」、「年輕人不願意加入我們的團體」、「表演的場地太少」等等。我們蒐集了這些會阻礙活動發展的意見，思考是否能透過公園管理解決這道課題，接著與行政負責人及博物館研究人員反覆討論研擬營運計畫。

初年度參與的團體有二十二個。由博物館的研究人員，特別是藤本真理研究員負責調整活動團體的活動內容，在公園各處實施各種社群的活動方案。例如用竹籤與和紙製作並施放日式風箏、在園內池塘觀察水邊生物、在園內里山（譯註：包括住家、村落、耕地、池塘、溪流與山丘等在內的混合地景）間遊玩並觀察自然生態等等。此外，由於公園裡有活動中心，所以我們也

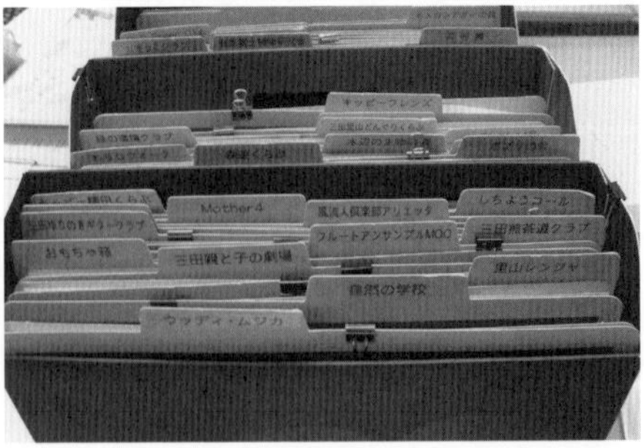

我們把市民參與型的專案活動稱為「築夢活動」。各社群提出來的企畫書通過審核後，即可在園內展開活動。（攝影：有馬富士公園活動中心）

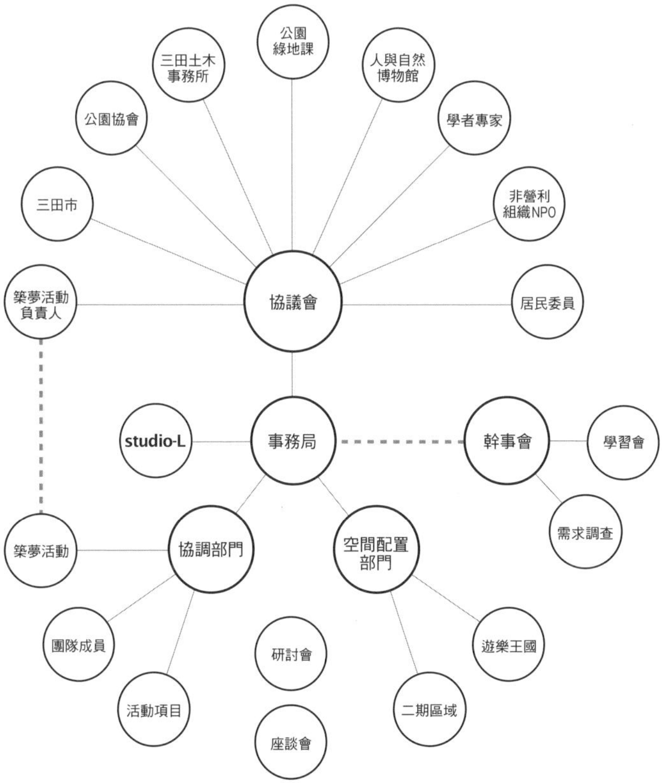

年間來園人數變遷

	2001年	2003年	2005年	2007年	2009年
計	412,140	538,980	695,540	677,300	731,050 （人）

築夢活動的實績

	活動數（企畫書件數）	築夢活動實施次數	築夢活動參加人數	當日工作人員數	築夢活動參加團體數
2001年	60	104	18,089	998	22
2003年	56	461	52,396	1,213	25
2005年	86	526	46,245	1,913	30
2007年	108	686	50,376	2,686	31
2009年	103	736	54,310	2,301	31

支援公園營運的人們與公園營運實績。協議會由學者專家、博物館相關人員、行政人員、公園管理者、築夢活動負責人、當地居民共同參與。

能利用舉辦電腦教室或演奏會等室內活動，吸引了平時不常來公園的人們。這讓我們實際感受到了在公園實施看似與公園毫無關連的活動的意義。

每一個社群都樂在其中，期待著週末前來公園，與造訪的遊客一起享受自己想要展現的節目。大家都在平日的夜晚相聚，討論活動的籌備事宜。這一點和我印象中的「志工活動」完全不同，看著他們開心的模樣，深深覺得如果要讓公園永遠是個充滿樂趣的場所，除了空間設計的細部規畫之外，滿心歡迎來訪遊客並安排同樂活動的社群也十分重要。

切身感受經營管理的重要

實施一連串措施的結果，有馬富士公園的年間來園人數比開幕時增加許多。二〇〇一年開園時的年間來園人數約四十萬人，五年後則超過七十萬人。據說這樣的人數成長已超乎市場的預期。就連迪士尼樂園的來園人數曲線變化，也是在剛開幕

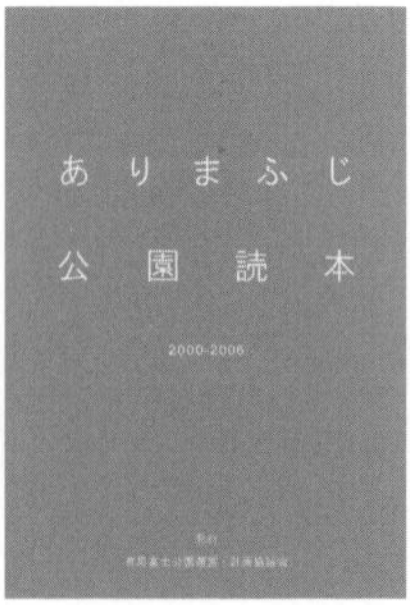

《ありまふじ（有馬富士）公園讀本》。內容包括公園裡的社群以及公園管理的視察者、協調人員異動的珍貴資料。

時人數最多，接著慢慢減少；出現了新的遊樂設施才會增加一些，隨後又逐漸減少。可是有馬富士公園的造訪人數卻逐步增加。原因之一便是社群的活動。

各社群在初年度實施活動的次數約一百次，八年後即超過七百次。不論是非營利組織（NPO）或俱樂部、社團等，大多數社群手中都有一份對自己的活動有興趣的名單，少則百人，多達千人。名單上登錄的人們，即可說是某社群的愛好者。當愛好者們透過電子郵件等管道收到社群舉辦活動的通知時，其中一部分人就會前來參加。在有馬富士公園進行活動的社群，剛開始也不習慣，光是舉辦一個月一次的活動便已精疲力盡。後來慢慢習慣對著大庭廣眾說話，再加上可以把常用的道具放在公園裡，活動實施的頻率隨即從兩週一次增加到一週一次，愛好者也趁著每次辦活動的機會造訪公園。而當參與有馬富士公園的演員，也就是社群的數量增加，來園人數也會跟著增多。

活動中心雇用了兩位年輕的協調人員一手包辦公園管理的相關工作。負責調整活動內容及籌備協議會、園內導覽、實施特別活動等。（攝影：有馬富士公園活動中心）

開闢公園小路的活動「大家一起動手做！木屑小路」

有馬富士公園的經營管理工作讓我獲益良多，其中感受最深的是社群的力量。每一個社群都樂在其中，無形中擔起公園的公共服務重任，使公園的來園人數蒸蒸日上。如果只著重物理方面的公園設計，勢必難以產生這種「關係行銷」（Relationship Marketing）。我學到了不能只設計公園的硬體，還得從經營管理的角度搭配適合的軟體，才能誕生出能永續發展的趣味公園。

今年適逢有馬富士公園開幕十週年慶（譯註：二〇一一年）。如今的公園已是由五十多個社群共同維護的歡樂場所。

*1 與中瀨先生一起負責有馬富士公園的工作後，我陸續參與了博物館本身的營運計畫研擬工作（二〇〇〇年與二〇〇五年），以及同時經營管理多座公園的研究會（二〇〇一～二〇〇三年），並且在兵庫縣研究所參與了中瀨先生主導的山地離島地區的聚落與流域經營管理的相關研究（二〇〇五～二〇一〇年）。我對經營管理方面的基本知識，幾乎都是來自上述的研究及具體實踐。

*2 建築及景觀設計事務所「SEN環境計畫室」。

*3 公園管理學習會的主題與講師：第一回「公園立地環境與營運計畫」、第二回「使公園成為觀光勝地的具體措施（角野博幸教授）」、第三回「非營利組織（NPO）的經營管理及培育方式（淺野房世女士）」、第四回「公園的關係行銷（喜多野乃武次教授）」、第五回「新舊居民的交流方式（前三田市長塔下真次）」、第六回「非營利組織法人支援非營利組織的營運方式（中村順子女士）」、第七回「文化活動與公園的展望（鳴海邦碩先生）」、第八回「從昆蟲採集到都市政策（高田公理教授）」。

2 不獨力設計

遊樂王國｜兵庫・二〇〇一～二〇〇四

將小朋友的構想反映在遊樂場的設計

由於參與了有馬富士公園的公園管理計畫，因此開幕後隔了一段時間，園方即委託我設計園內的兒童遊樂場。當時是我任職的設計事務所接下設計工作，並由我擔任負責人。

公園開園後的鄰近區域，有一塊約六公頃大、用來放置公園建設工程剩餘沙土的棄土場，園方即決定把此處當作兒童遊樂場。有馬富士公園當時已經開幕，成了一座供人們觀察自然生態及散步郊遊的里山公園，卻少了一處讓小朋友盡情奔跑遊玩的場所。於是我心想，如果公園附近的小學或幼兒園、育幼院等機構裡的小朋友能來遊樂場和同伴盡情玩耍，或許能因此對大自然產生興趣，興起想要探索有馬富士公園里山的好奇心。

關於設計的方向，我嘗試採用「參與式設計」。也就是在建設公園時舉辦研討會，請將來最有可能使用公園的附近居民聚在一起討論心目中的公園形象。但是這次設計的對象是兒童遊樂場，未來的使用者自然是小朋友。如果在研討會上只用對話的方式與小朋友交流，得到的也只是隻字片語，這樣不就很難整合出他們真正的需求嗎？

所以我們試著與小朋友一起玩、一起打造遊樂場。兩場研討會約有兩百名小學生參加，我們便和他們一起在戶外玩耍、在室內創造遊樂的空間。這段過程從頭到尾都透過相機和影片記錄下來，藉此判斷他們在哪個時間與空間最有興致、與同伴在一起能激盪出什麼玩法、以及打造出何種規模的遊樂場。

除此之外，我也考慮到遊樂場開幕後的經營管理。希望社群也能進駐遊樂場，像有馬富士公園其他場所一樣展開各項活動。因此，我計畫從設計階段即開始徵召社群的成員，並且在遊樂場施工期間培訓他們，等到遊樂場開幕，社群也能開始活動。於是，我們號召鄰近的大學生及短期大學生共襄盛舉，徵求願意和小朋友一起玩耍的「孩子王」。熱情響應的大學生有十名，他們便在兩次的研討會上以「孩子王」的身分與小朋友一起遊玩。

大學生孩子王與小朋友。

遊樂研討會

我們在市中心的公園舉辦了第一次的研討會。即使是同樣的玩具，小朋友卻能發展出各種不同的玩法。另外，與大學生孩子王一起玩耍時，小朋友們彼此雖然是第一次見面，卻能立刻打成一片。當他們真正接觸大自然時，因為不知道該怎麼玩，所以大部分都在觀察孩子王的玩法。住在三田新市區的小朋友，因為習慣在街區公園的遊樂設施裡遊玩，感覺上幾乎都不知道如何在大自然裡玩耍。

我們便根據這一點開始進行遊樂場的設計，首先，我們在入口規畫一處有遊樂設施的區域，讓小朋友隨著遊戲的動線慢慢移往保留大自然風貌的區域。當小朋友習慣了這種玩法，並且交了新朋友，又有孩子王的帶領，就能在自然環境中發明出各種新遊戲。我的想法是，如果能以這種方式讓小朋友接觸大自然，即可對已開幕的有馬富士公園感興趣，進而踏出遊樂場，盡情探索整座有馬富士公園。

在附近某所小學的體育館舉辦第二次研討會時，我們準備了大量包裝材料及瓦楞紙箱、軟墊、藍色塑膠布，觀察小朋友和孩子王會建造出什麼樣的遊樂場、玩出什麼樣的遊戲。結果發現男孩子大多蓋出可以攀爬、往下跳或滑行的遊樂場；女孩子則是搭一座小屋或房間，在裡頭畫各種圖案及繪畫，或者玩起開店的家家酒遊戲。其他還有幾個人合力建造的大型迷宮，一群小朋友便盡情地玩起躲迷藏、發出巨大聲響等遊戲。

觀察之後，我們決定在遊樂場的入口規畫一個一進來就會發出聲音的空間，並在這裡設計遊戲讓小朋友發現下一個遊樂場。我們打造出四個空間：有各種聲響的空間；有小屋、房間和迷宮的空間；所有陳設都很巨大的空間；還有視野景觀極佳的空間。每一處都是五十公尺大的正方形，彼此相連成完整的遊樂場。

之所以將每個遊樂空間設計成五十公尺的正方形，主要是聽到孩子王反映，認為這樣的大小可以讓一位孩子王掌握每個小朋友的動向。遊樂場開幕

以當地的雷神娃娃民間故事為藍本，會發出聲響的遊樂場設置在高處；房間及小屋、迷宮等場所設置在地面，象徵雷神娃娃降落的村莊。

後，孩子王團體每個週末都會坐鎮遊樂場，除了帶小朋友玩遊戲，我也希望他們扮演溝通的橋樑，讓第一次來公園玩的小朋友以及常來玩的小朋友們能和睦相處。

同時規畫硬體與軟體

隨著基本設計與細部設計逐步進行，我們也擴大了擔任孩子王的學生團隊規模。並且延請專家講師舉辦培訓講座，指導團員們學習和小朋友遊玩時的相關知識與技術，例如兒童心理、遊戲特性、如何交友以及大自然遊戲等等。同時以幫忙研討會的大學生們為中心，號召更多新面孔加入孩子王團隊。這項

與孩子王一起玩耍的小朋友。

培訓講座由兵庫縣立「人與自然博物館」的嶽山洋志研究員主導，催生了包含大學生以及畢業生、當地居民在內的團隊。

當遊樂場施工完畢，培訓講座也告一段落，眾多孩子王在開幕典禮上齊聚一堂。前來遊玩的小朋友便在他們的帶領下，展開了各種遊戲。

這項專案讓我學到了，如何在設計硬體過程中反映出使用者的意見，尤其當對方是像無法以話語清楚表達意見的兒童，我因此學會了讓他們表達意見的技巧。此外，設計硬體之餘也須兼顧軟體方面的經營管理，才能在開幕時讓硬體與軟體同時準備就緒。我也實際感受到了這麼做的意義。

開幕後經過七年歲月的「遊樂王國」，過去和孩子王一起玩耍的小學生們，如今已成了充滿熱忱的國中生或高中生孩子王。孩子王社群的活動，至今仍在有馬富士公園占有一席之地。

3 建立設計機制

聯合國兒童基金會公園專案——兵庫‧二〇〇一～二〇〇七

立刻將構想寫成企畫書

當我從「遊樂王國」學到了兼顧硬體與軟體之際，我開始對兒童遊樂場有了許多想法。其中思考最多的是「設計方式」。設計「遊樂王國」時，我確實是從觀察小朋友的玩耍設計出遊樂場。除了設計硬體以外，我也組成了孩子王團體，培訓出負責軟體方面的中堅人才。但是「設計方式」，是不是仍受限於大人設想的「小朋友應該會喜歡的空間」呢？遊樂場只能是大人「設計給」小朋友的嗎？這就是我思考的重點。

就在此時，事務所的上司淺野房世女士*1要我寫一份有關遊樂場設計的企畫書。由於淺野女士不是設計師，我從她身上學到了有別於傳統設計教育的思維，例如從非營利組織的經營管理以及市場行銷的角度來設計等等。她也不斷鞭策我把構想立刻整理成企畫書提出來。

一般設計師並不會寫企畫書。大多是等到接下了工作，才在設計的過程中不斷激盪出構想，因此很少設計師會在接到工作之前把構思整理成企畫書提出來。但是我這位上司說企畫書才是重點。在她的帶領下，我學會寫好幾頁的企畫書、以及如何主動發掘新工作解決社會的問題。

其中一項便是這次的兒童遊樂場「聯合國兒童基金會公園專案（UNICEF Park Project）」企畫書。

探討社會課題

對於當時設計了遊樂王國的我來說，這道課題來得正是時候。因為我正思考一個問題：「遊樂場難道只能是大人設計給小朋友，不能由小朋友自己打造遊樂場嗎？」換句話說，我很想把「打造遊樂場」變成一場遊戲，讓小朋友自行建造遊樂場、再由其他小朋友將它擴展，變成不一樣的遊樂場。同時也能隨著各個小朋友的遊戲產生變化，又轉變成新的遊樂場。這樣的玩樂過程才有趣，至於大人完成的固定型式遊樂場，小朋友根本沒有插手的餘地。因此，這項企畫的重點便是「能讓兒童永續創造的公園」。

關於這一點，上司交給我另一個課題，也就是世界兒童面臨的現況。喝不到乾淨的水而死亡的孩子；無法接受完整教育的孩子；沒有適當補充維生素而失明的孩子。這些可用數百日圓解決的問題在現代真實上演，但是在日本的公園裡玩耍的小朋友，到底能不能理解呢？上司說，這才是與公園及兒童息息相關的另一道課題。如果日本的小朋友知道一百日圓可以讓二十二名嬰兒免於失明，卻依舊浪費一百日圓，那就是小朋友自己的決定，其他人也沒有說嘴的餘地。然而，若是絕大多數小朋友都渾然不知一百日圓有多麼寶貴，這就是一大問題。公園是小朋友聚集的場所，不要只把「學習」交給學校。難道不能讓小朋友透過公園了解世間的金錢價值、思考自己如何為全球性的問題盡一份心力嗎？因此，上司希望我把以上的觀點寫進企畫書裡。

最重要的是讓小朋友了解，對自己來說理所當然的事，在其他國家的朋友眼中卻未必如此。

結合多項目標的專案

我將企畫書改成了「和世界各國的兒童一起永續創造的遊樂場專案」。當我思考該從哪裡蒐集可以永續創造遊樂場的材料時，想起了日本里山或竹林等地的次生自然（譯註：Secondary Nature，經由人為活動創造出來，並經過人工管理維持的自然環境）問題。自從人們陸續進山伐木除草，過去管理得當維護良好的次生自然環境即日漸稀疏，不久便荒廢，導致生物的多樣性降低，里山曾經擁有的價值也銳減。為了恢復良好的里山環境，勢必再次需要人為修復。里山志工雖然也會擇伐樹木或清掃落葉，這類的志工活動能達到的效果卻有限。但是，例如指定里山某處當作遊樂場，並從里山取出遊樂場所需的建材，不就可以將光線引進森林地面，恢復良好的里山環境嗎？我們可以用枹櫟或橡樹搭建小屋、用孟宗竹製造溜滑梯、割取矮竹曬乾綑成草堆遊玩。使用取自里山的材料永續創造遊樂場，不就可以確保良好的里山環境嗎？於是，我在企畫書裡加進了「保存里山」的關鍵字。

企畫名稱因此再修改為「和世界各國的兒童一起在里山永續創造的遊樂場專案」。讓世界各國的小朋友聚在日本的里山，學習日本的次生自然環境相關知識，並且採伐樹木、收集落葉打造永續的遊樂場。如果能讓全世界的小朋友經由這段過程互相了解彼此所處的現況，便能增加公園帶給小朋友的附加價值。而推動這項專案的關鍵，就是能夠和全世界兒童一起享受打造遊樂場樂趣的大人們。因此，就像當初在遊樂王國組成孩子王團隊一樣，我們這次也要培訓另一個團隊。因為我希望可以製造機會，和小朋友一起思考世界各國的文化及習慣、里山自然環境等各層面的課題，所以這次大人扮演的不僅是帶頭玩的領隊，更是引導者（Facilitator）。「引導者」指的是運用各種知識與技術，引起對方的興趣、行動及想法的人。

聯合國兒童基金會公園專案啟動

和上司討論過後，我拿著這份企畫書，第一個前去拜訪的對象便是日本的聯合國兒童基金會。因為這項專案的目的是讓世界各國的兒童聚在一起，自然讓我第一個想到了這個組織。當我向負責人大略敘述企畫書的內容時，對方卻表示：「聯合國兒童基金會沒有預算實施自己的活動專案。」負責人回答說，聯合國兒童基金會主要是與企業或行政單位合作，幾乎沒有自行舉辦過專案活動。如果要執行這項企畫，首先必須尋找主要的執行單位。

當時想到能夠執行這項「和兒童一起創造遊樂場」專案的單位是國土交通省，也就是日本長久以來負責建造公園的政府機構。因此我立刻前往霞關（譯註：日本政府各部會聚集地），找公園綠地課的負責人洽談。但是到得以與該單位的課長談及這份企畫為止，我足足花了一年多的時間。這段期間，每天都在品川的聯合國兒童基金會與霞關的國土交通省來回奔波。最後聯合國兒童基金會總算獲得國土交通省允諾，「你們要做的話，我們願意提供協助」。於是，這項企畫便在國土交通省出資、聯合國兒童基金會主辦的情況下，以「聯合國兒童基金會公園專案（UNICEF Park Project）」的名稱展開活動。

「和世界各國的兒童一起創造遊樂場」工作營

用來創造公園的區域，是位在神戶的國營公園預定地。這塊公園整頓前的預定地，正是市民過去長期維護的里山。自從被收購為預定地後，即因缺乏管理而滿山荒蕪，情況和全國各地的里山一樣。而世界各國的小朋友從二〇〇二年起，便聚集在這座山裡。第一年是由就讀國內美國學校的小朋友與神戶市內公立國小、國中的小朋友在這裡住了三天兩夜，利用取自里山的材料打造遊樂場。後來也實驗了各種活動進行方式，例如拉長打造遊樂場的天數、一年實施好幾次等等。

二〇〇五年適逢阪神淡路大地震十週年紀念，由於召開國際會議的關係，許多經歷過地震的各國人士在神戶相聚。這些與會人士的孩子們便由聯合國兒童基金會負責接待，展開為期十天的工作營（Work Camp）。

一百位來自俄羅斯、美國、土耳其、臺灣、菲律賓、摩洛哥、南非等十個國家的兒童以及神戶的小朋友齊聚里山，由一百位引導者協助進行活動。

小朋友在白天相處得十分融洽，他們雖然看起來像是在互相協力製作遊樂設施，可是其實是想完成後搶第一個玩。不只是日本的小朋友如此，俄羅斯及泰國的小朋友也一樣。但是到了晚上，情況便有些改變，讓人感受到彼此間確實有差異。看到日本的小朋友晚餐留下剩菜，馬來西亞的小朋友就會出言提醒；日本的小朋友說討厭暑假一結束就要上學，菲律賓的小朋友卻說自己很想上學，可是因為要工作而無法如願。日本小朋友這時才發覺，白天和自己感覺沒兩樣的各國小朋友，實際上與自己有著截然不同的價值觀及生活文化。

工作營進行到了中間階段，聯合國兒童基金會總部的資深總監肯尼斯・馬斯卡爾（Kenneth Maskall）前來視察。他剛從蘇門答臘發生海嘯的災區飛抵神戶，或許因為這個緣故，神情顯得非常不愉快。「蘇門答臘的聯合國兒童基金會是眾多兒童的救星，跟他們比起來，你們這個活動是在幹什麼！把世界各國的兒童帶到山裡玩樂，根本不是聯合國兒童基金會應該做的

聯合國兒童基金會總部資深總監肯尼斯・馬斯卡爾先生。長相神似影星勞伯・瑞福，但神情十分嚴肅。

事！世界上還有許多人正等著我們去救！」面對突如其來的痛斥，我有些驚訝，但仍試著向他解釋：「已開發國家的聯合國兒童基金會能做的難道只有募款嗎？對於生活在已開發國家的我們來說，看著海報上因為營養不良而鼓著肚子的黑人小孩站在泥巴路中央哭泣的模樣，只會讓我們心疼某個遙遠國度還有這麼不幸的孩子，因此想要募款幫助處境和我們『不同』的人們。但這次的聯合國兒童基金會活動，是為了讓孩子們了解，世界各國的孩子實際上與我們並無二致，身處的環境條件卻完全不一樣，讓孩子以共通點為基礎實際感受彼此的不同之處，這不是也很重要嗎？」

結束了十天團體生活的小朋友們，在關西國際機場分別搭上了回國的班機。透過工作營結合成一個社群的引導者與小朋友們，彼此依依不捨地含淚擁抱。小朋友唱著工作營裡一直唱的歌歡送同伴們。吉他旋律伴著小朋友的歌聲響徹倫佐・皮亞諾（Renzo Piano）設計的簡約時尚機場裡。感覺有點不好意思，「但又有什麼關係呢？」我的心情十分複雜。

孕育聯合國兒童基金會公園的社群

這座聯合國兒童基金會公園，平時是由引導者團隊割取矮竹綑成草堆、砍伐竹子來囤積搭建遊樂場的材料。同時也會派遣引導者前往附近的中小學校，教導孩子們有關全球水資源

某位大學生引導者所畫的作品。內容描繪終止戰爭、運送乾淨的水，以及將教育散播至全世界的年輕人。這群年輕人腦海中浮現的，是過去在聯合國兒童基金會公園和世界各國小朋友一起打造遊樂場的歡樂回憶。對於社區設計師而言，最開心的莫過於透過聯合國兒童基金會公園的體驗，培育出活躍於世界舞台的人才。

及教育現況、地雷清除工作等知識。聯合國兒童基金會公園即是教學的重要場所，讓小朋友從公園現有的河川汲水，並將重達十公斤的水頂在頭上，體驗步履維艱的辛苦；也會讓小朋友體會清除埋在土中地雷的困難。除此之外，引導者也會帶著小朋友修補及擴建這個由世界各國小朋友在工作營裡建造的遊樂設施，不斷持續建造遊樂場。

長期使用聯合國兒童基金會公園的小朋友當中，有的升上高中後便加入引導者團隊。像是有神戶市的小學生在二〇〇一年還是參加者，到了二〇〇五年升上高中後即擔任引導者。隨著團隊領導者的改朝換代，引導者的角色也逐漸改變。由於組織不時有新血加入，參加者也能時常挑戰新鮮事物。這一點對於要永續經營非營利組織而言極為重要。

空間的設計與社群的設計

這項專案讓我學到了，一旦發現需要解決的社會問題，就

聯合國兒童基金會公園入口的看板。由引導者與小朋友一起利用里山的材料製作而成。

要立刻寫成企畫書，並且根據需求一而再、再而三修改。實際上，當時為了配合聯合國兒童基金會與國土交通省的想法，我這份企畫書重寫超過五十次。

我也切身感受到，兒童遊樂場不該只由大人設計，最重要的是要設計出一個機制，能讓小朋友透過自行建造遊樂場，而彼此互相理解並且樂在其中。為了達到這項目的，鼓勵小朋友遊玩並在一旁守護的引導者扮演了重要的角色。此外，如何經營管理由引導者與小朋友、附近中小學校學生組成的新社群，也是重要的一環。

設計開放空間時，單是種植美麗的花草樹木並不夠。還必須考慮能在這個空間與什麼樣的夥伴經歷什麼樣的體驗。

當時前來視察的那位聯合國兒童基金會總監，後來寄了一份報告書影本給我，上面寫道：「日本神戶所舉辦的工作營活動，足以成為先進國家聯合國兒童基金會推動活動的典範。聯合國兒童基金會總部應予以支援。」

真是個好人啊！突然發飆的模樣倒是挺可怕的就是了。

*1 淺野女士當時是我任職的設計事務所「SEN環境計畫室」的關係企業「SEN通信研究所」的負責人。現為東京農業大學教授。我從淺野女士身上學到了在發現課題後，要立刻著手寫成企畫書，將想法轉成工作的方法。

Part

2

跳脫設計工作，轉為發掘人性

1

讓都市生活在城鎮裡自然發生

堺市環濠地區的田野調查——大阪・二〇〇一～二〇〇四

造園學會的工作營（Workshop）

在出社會後第二年，我正想在工作之餘參加建築或景觀設計的相關活動時，收到了日本造園學會關西分部寄來的「LA2000」工作營通知。這是我大學時代的恩師、大阪府立大學增田昇教授負責的工作營，而且是由關西的年輕景觀設計師擔任領隊，我二話不說，立刻報名參加。

位於神戶市灘區西鄉酒藏地區的說明會聚集了約五十名參加者。工作營的目的是與分組成員們深入當地尋找問題，並思考地區的未來發展後，再提出景觀設計的相關建議。成員們在為期一年的活動中變得十分熟悉親暱，也體會到以工作營形式展開活動的樂趣。

隔年的二〇〇一年舉辦了第二屆的活動（同樣是日本造園學會關西分部主辦的「LA2000」）。不但換了一批領隊、招募了新成員，工作營的地點也移至大阪府堺市的環濠地區。活動分為五個小組，各自以「工作坊」（Studio）稱呼。我這回擔任領隊，把自己負責的工作坊主題訂為「生活」（一起擔任工作坊領隊的是「空間創研」的奧川良介先生）。因為我當時認為，景觀是由當地居民的人生及生活累積而成，如果要建構風景，就得從生活著手。除了我擔任領隊的生活工作坊以外，還有生態工作坊、時間工作坊、風景工作坊、地形工作坊，參加者便以各個工作坊成員的身分加入工作營。

團隊組織化

我在當時做了一項嘗試。過去參與有馬富士公園專案時，已被公園裡各個活躍社群的魅力所擄獲。他們不但使公園搖身一變為趣味十足的場所，帶活動的成員們樂在其中的模樣更是令人印象深刻。因此在接下來的遊樂王國以及聯合國兒童基金會公園專案，我便加入了培訓新遊樂社群的流程。利用「破冰遊戲」（讓初次見面的成員舒緩緊張、打破僵局的遊戲）和「建立團隊」（讓成員們建立彼此的信賴關係、加強向心力的遊戲）等方式，幫助成員們對於建立主題型社群產生興趣。所以我擔任生活工作坊領隊志工時，也希望藉此建立一支堅強的團隊，形成可以獨立自主展開活動的社群。

當我和十五名參加生活工作坊的成員一起走訪堺市的環濠地區時，便安排了幾項遊戲加深成員對彼此的認識，藉此了解每個人適合的角色定位，試著建構出團隊的雛形。參加者之中也有幾位優秀的人才，有的是凝聚團隊的核心人物、有的能善盡輔佐之責，使我們的作業進展得十分順利。

生活工作坊展開的活動

生活工作坊的活動分為兩大類，一個是前期的調查作業，另一個是後期的提案作業。調查作業的進行有三個方向，分別命名為「生活領域」、「生活時間」、「環濠動物園」。

「生活領域」指的是比較環濠地區各區域的昔日生活與現代生活。在中世紀以自治都市繁榮一時的堺市，據說連戰國時期的武將都得下馬存放配刀才能進城，足可見當時居民自治之嚴謹。調閱當年的地圖時，發現東西寬一公里、南北長三公里的環濠都市內，散布著各種食品店、日用品店、布莊、精品店、娛樂設施等場所。將這些據點連接起來，即可知過去居民的生活圈範圍約占環濠地區的一半，也就是大約一・五公里的範圍。至於現代居民的生活範圍有多大呢？我們請六位居民協助在地圖上標示，結果活動範圍比想像中還要小，十分狹窄，幾乎沒有和其他人的生活範圍相重疊。照這種情形來看，就算在環濠地區內走動，也找不到與別人相遇的樂趣。如果每個人都能稍微拓展日常生活的走動範圍，便有機會與人寒暄問候、閒話家常。若是與人相處的機會慢慢增加，當地的社群自然而然就能活絡起來了吧？因此，我們初步提出來的構想，便是環濠地區需要一個人人皆可使用的戶外空間。但是當地居民的活動範圍這麼小，就算我們提議建造一座戶外空間，恐怕遲早也會成了閒置的蚊子館。

難道說，環濠地區的居民都沒有時間四處走動嗎？我們因此接著對「生活時間」進行調查。我們請不同世代的四位居民協助，讓他們用照片記錄一天的生活情景。結果發現窩在家裡看電視、翻閱雜誌的時間比想像中還要多。照理說他們應該有時間出門走動，只不過大概是因為外面缺乏吸引力吧。

於是，我們將焦點轉移到了環濠地區內，放在庭院裡的動物擺設。這裡的每戶人家都會朝著馬路擺放裝飾品，以吸引路上行人的目光。可是，實際上並沒有那麼多人在路上走動。我們討論的結果，決定將這些動物擺設全部拍下來，製成地圖標示出各個所在地點，發給環濠地區的居民們。生活工作坊全體成員隨即分頭走訪地區各處，共找到了六百四十三個動物擺設。我們將它們標示在地圖後，便成了一張促使人們擴展活動範圍的特製地圖：「回家路上繞路去看看那個猴子擺設吧。」我們當時將這份地圖取名為「環濠動物園」，打算發給環濠地區內的居民們（但是兩年後再次調查同一個地區，發現因為都市更新等因素，許多透天厝都不見了，原本棲息在院子裡的「動物」們也消失了，使得「生物多樣性」大為降低）。

綜合以上的調查，我們繼續思考：如果要讓人們在環濠地區內走動，需要哪一種戶外空間？最後提案時選了地區內的十四處場所作為必要的空間，並以設計圖、透視圖、模型及動畫等素材呈現，同時也製作了準備在學會上發表用的揭示板。

朝獨立活動發展

生活工作坊的提案與其他工作坊的提案，一起在京都舉辦的日本造園學會上發表。不過，我們很希望也能在堺市環濠地區的居民面前發表。因為我認為，不論結果如何，都必須向這段期間，在生活領域、生活時間方面協助調查的居民，還有田野調查時遇見的所有人們報告。

環濠動物園。我們在地區內各戶庭院裡發現了643個動物擺設，每一個都是朝著馬路擺放，目的是為了吸引路上行人的目光。

因此，學會發表結束後，我召集了生活工作坊的成員，向他們表示活動將繼續進行。當時是二〇〇三年，由於這項活動並沒有包括在當初的預定計畫裡，所以我只找來有意願的人，向他們提出獨立繼續活動的想法。結果想要繼續參加工作坊活動的有九人，再加上後來新加入的兩人，我們這十一人重新整理了提案的內容。

整理的方向有兩大項。一個是將提案內容整理成簡報資料，以便在座談會或專題研討會等活動上發表。另一個是整理成冊，讓人們可以在咖啡廳或美容院等休閒場所翻閱。尤其是後者，製成書冊需要一筆費用，因此得向成員們徵收活動費。我當時用的理由是：「像滑雪社或網球社也會把錢用在自己喜歡的事情上，我們辦活動也是為了自己開心，所以大家還是繳會費吧？」由於募集來的金額不足以印製成書，我們只好買了噴墨印表機和一大堆明信片用紙，印出每一頁的內容，再放進明信片收集冊製成小冊子。

《環濠生活相關註解》（調查篇）與《環濠生活》（提案篇）。我們將明信片一張張放進明信片收集冊，共製作了一百本。

最後完成了六十頁的調查篇《環濠生活相關註解》，以及一百八十頁的提案篇《環濠生活》兩種宣傳冊。我們用印表機印了兩萬四千張明信片，再一張一張放進明信片收集冊，共製作了一百本。由於這項活動是從造園學會獨立出來，因此不用「生活工作坊」的名義，而是改用我想到的名稱：「Studio:L」。也就是在「工作坊」（Studio）後面加上「生活」（Life）的英文首字母。和成員們忙著手邊工作之餘，曾開玩笑地說：「乾脆開一間專門做這種工作的公司吧？」當時作夢也沒想到，我會在幾年後把這名稱標示稍微改變一下，自己成立一家設計事務所。

與商店街的人們互動

當我們在俱樂部及書展等活動發表自製的宣傳冊時，某位在環濠地區中心地帶的山之口商店街工作

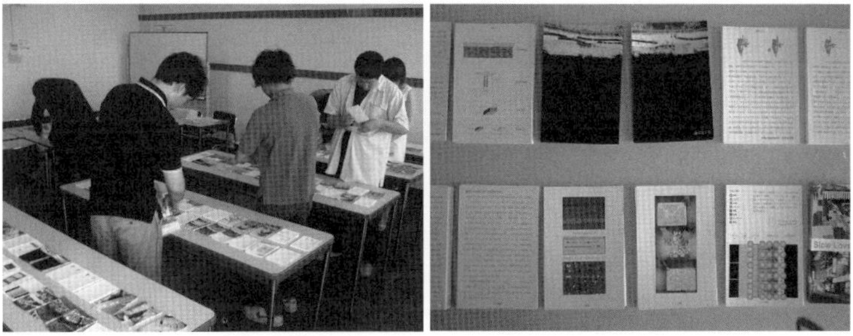

製作宣傳冊的情景。用噴墨印表機印出來的明信片分成一百小疊（圖右）放在桌上，工作坊成員們一邊繞著桌子一邊按照順序將它們裝進明信片收集冊（圖左）。當時買的印表機被我們操壞兩次。印表機製造商也想不到有人會在一個星期印出24,000張明信片吧。

的人剛好看到，成為我們協助該商店街訂定發展計畫的契機。當時是二〇〇四年，我還任職於設計事務所，只能利用平日深夜以及假日，和「Studio:L」的成員一起討論商店街的未來。

首先，我們決定把在造園學會發表時所使用的看板放在商店街工會的辦公室裡，於是將收藏的看板運到商店街。同時也得到允許，將兩本自製的宣傳冊放在商店街的店家裡，讓更多人了解我們的提案內容。接著，我們進一步開始製作商店街的網站，討論出了以橙色為基調和網頁設計等細節。就在網站

咖啡廳、銀行及美容院等各家商店願意讓我們擺放宣傳冊。

大阪市梅田「DAWN」俱樂部所舉辦的「 FREE EXPO」。

大阪市北區「MEBIC扇町」所舉辦的「Book maker's delight」。

製作完成之際，我們覺得需要製作一個商店街的看板讓大家知道，所以設計了一塊附有網站網址的看板。由於堺市商店街以自行車產業聞名，我們希望大家能輕輕鬆鬆騎著自行車來購物，基於這個概念，我們把腳踏板後面的橙色反光板貼在看板上，到了夜晚，它就成了會反射車燈的閃亮看板。

成立studio-L

兩年多來，「Studio:L」都是以非法人團體的身分展開活動。這段期間，我們也決心從事有關社區設計的工作。當時我們還沒有意識到「社區設計」這個名詞，但是經由公園管理工作感受到社群的潛力，並從生活工作坊與「Studio:L」的活動學會如何建立團隊組織，同

設在山之口商店街入口處的看板。

時也從後面會提到的兵庫「家島專案」逐漸體會箇中樂趣。再加上設計事務所裡對我甚為關照的淺野房世女士決定到東京大學教書，事務所內部組織將有變動，因此我在二〇〇五年辭去設計事務所的工作，自立門戶展開工作。

成立自己的事務所時，我幾乎沒有想過公司名稱，只不過因為「Studio:L」是十一位成員使用至今的，徵詢成員們的意見後，隨即改了一下，用「studio-L」當作事務所的名稱。這十一位成員都是已經大學畢業的上班族，其中三位（醍醐孝典、神庭慎次、西上亞里莎）和我提到想要辭去現在工作、一起在新成立的「studio-L」打拚。於是我和他們三人一起尋找事務所

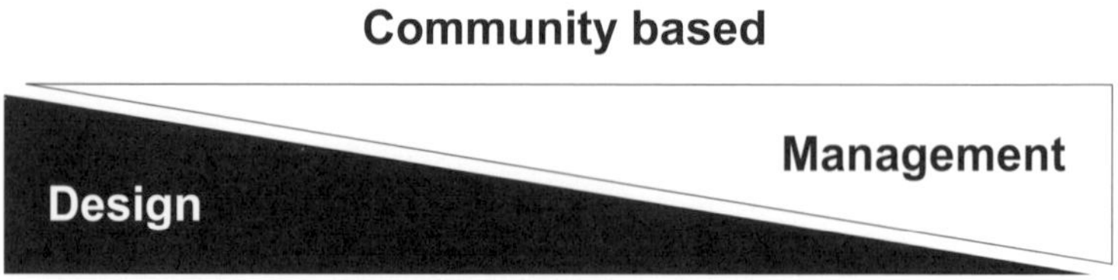

景觀設計
- 千里復健醫院
- 東山台住宅外觀設計
- 穗積鋸木廠廣場設計・監理
- 慶照保育園改裝設計・監理
- 大阪市築港景觀設計計畫
- 湘南港景觀設計
- 六甲島W20街區造園計畫
- 西能醫院景觀設計 等

公園管理
- 兵庫縣立有馬富士公園
- 京都府立木津川右岸運動公園
- 大阪府營泉佐野丘陵綠地
- 聯合國兒童基金會公園專案
- 轟地區防砂水庫公園
- 積水建房開發提供公園
- OSOTO
- 丸屋花園 等

造街運動
- 家島專案
- 穗積鋸木廠專案
- 堺東站前地區
- 大阪府箕面森町
- 土祭經營管理
- 水都大阪2009
- 延岡站周邊整頓專案
- 五島群島半日遊聚落發展 等

綜合計畫
- 家島町綜合計畫
- 海士町綜合計畫
- 笠岡市離島振興計畫

不論是設計工作或經營管理工作，全都是以社群為基礎。實際上目前也是兩者並重，不過社區設計專案有逐步增加的趨勢。

的地點，並由當時指導過的大學及專門學校的學生們一起裝潢施工，位於大阪梅田的事務所總算一切就緒。

享受非營利活動的樂趣

從生活工作坊、「Studio:L」到「studio-L」，這一路展開活動的過程中，我的感觸相當多。當我們在堺市舉辦活動時，便覺得如果能在當地孕育出願意讓城鎮變得更有趣的社群，不但他們自己做得開心，也能因此結識一群志同道合的同伴，一點一滴改變當地的氣氛。儘管我們可以主動深入當地辦活動，但我們畢竟是外人，總有一天會離開當地。還不如在當地找到和我們有同樣想法的人，與他們分享這類活動的樂趣，藉此建立能在當地長期活動的核心團體，這才是重點所在。這類活動和滑雪、網球等樂趣一樣，最好能有自娛娛人的觀念，並不是「為了城鎮辦活動」，而是「利用城鎮讓我們玩得開心一點」。就算自

剛租下事務所時，我們是把筆記型電腦擺在蜜柑紙箱上設計事務所的室內裝潢（圖右）。酷暑中把放在家裡的書堆，扛到沒有電梯的舊公寓四樓。在此向當時汗流浹背幫忙的學生們深深致謝。

己出一點錢也要辦一場愉快的活動，若能因此受到在地的人們感謝，自己也更能從中感到快樂。我們開始思考：「如何孕育出能夠帶動這種活動的社群呢？」於是決定以生活工作坊及「Studio:L」期間的親身體驗為出發點，透過「studio-L」從事為當地規畫培育核心社群的工作。這項活動不但能讓人們樂在其中，也能體會結交志同道合夥伴的可貴。

2 運作中的城鎮

景觀探索——大阪・二〇〇三～二〇〇六

田野調查——尋找善用戶外空間的人

當我們結束了生活工作坊、正打算以「Studio:L」名義獨立展開活動時，造園學會也開始研擬第三次工作營企畫。繼續擔任領隊的我，提出了「田野調查——尋找善用公共空間的人」這項企畫。最後決定這項田野調查除了尋找人以外，也要找出運用得宜的事物及空間，並且和之前一樣，把一百二十五名參加者分成五組，各自展開活動。由於這項企畫頗有風景探險之意，因此將五個團體統稱為「景觀探險隊（Landscape Explorer）」。

經過田野調查蒐集來的照片中，不乏令人眼睛為之一亮的景物。我最感興趣的是善用公

銀行關門後，立刻擺起攤子賣養樂多的阿姨，以及和阿姨閒話家常的當地老人家。（攝影：奧川良介）

共空間的人。例如下午三點銀行關門後，隨即在門前擺攤販售養樂多的阿姨。她把木製折疊椅的後腳截短，以便嵌合階梯的高低段差，讓自己坐得穩穩當當。因為她營造出一塊空間，使當地的老人家紛紛走出家門在此相聚。就算養樂多沒有賣出去，阿姨依舊和「上門顧客」聊得很起勁。看著老人家開心的模樣，我忍不住心想，如果沒有這位阿姨，他們可能就懶得出門吧？這不單是在公共空間販售養樂多的商業行為，感覺也兼具了社會福利的功能。此外，這位阿姨賣完養樂多之後，會把自己待過的地方清掃乾淨才回去。也因為這個緣故，銀行門前始終保持整潔。我不禁想到，其他地方若是能多幾位這樣的阿姨，在街道各處展開類似活動，不就能減輕福祉部門或道路管理部門的工作嗎？我們同時也發現好幾位把公共空間當成自己家一樣妥善運用、為周遭環境帶來正面影響的人們。例如在鐵路兩旁打造庭院綠化鐵路沿線的大叔，以及主動照料路旁植栽區、並利用空隙種植紫蘇或青蔥的阿姨等等。

勤於綠化鐵路兩旁的大叔。（攝影：金田彩子）

假設當地有這類人士存在，我們也不必把公共空間設計得「盡善盡美」，而是應該設計一個能夠促進當地居民交流互動的空間吧？基於這項概念，我提出了配合善用者類型的公共空間設計（詳情請參閱景觀探險隊所著的《Masochistic Landscape》，學藝出版社，二〇〇六）。

戶外活動愛好者的雜誌《ＯＳＯＴＯ》

在二〇〇五年，這項田野調查告一段落後，負責維護管理大阪府公園的財團法人大阪府公園協會前來與「景觀探險隊」團體洽談，想要把公園協會過去發行的《現代公園》大幅改版成可在書店銷售的雜誌。對方希望我們能接下企畫與編輯的工作。由於我當時剛自立門戶，隨即接下這項專案。那時候浮現的想法是田野調查時發現的「善用戶外空間的人們」。因此我心想，不妨在雜誌裡介紹各種有趣的使用方式，讓有興趣的讀者開始嘗試利用戶外空間，藉此顯現另一番風貌。

基於這種想法，我向對方提出了雜誌的主題：「成為讀者把過去在室內進行的活動帶到戶外的契機」。對公園協會而言，想要增加來園人數，首先得刺激人們踏出戶外。換句話說，這本雜誌的主軸並不是公園本身，而是以整個戶外空間為主的情報誌，從中孕育出善用戶外的族群。

這本雜誌的名稱採用了景觀設計事務所「E-DESIGN」忽那裕樹先生*1的提議，命名為《OSOTO（譯註：取日文「お外」的英語拼音，戶外之意）》，也就是希望大家一起享受各種戶外活動的意思。例如在戶外享受用餐、閱讀、演奏等樂趣，以及發明新運動、蒐集可食用的野草體驗料理樂趣，我們完成了一本尋找、採訪及介紹刺激人們踏出家門享受戶外空間實例的雜誌。

從軟體層面設計景觀

透過編輯《OSOTO》的過程，我們了解到世上有這麼多善用戶外空間的人；經由網路留言，我們也明白有不少

發行：（財）大阪府公園協會
主題：「戶外」生活情報誌

對象：一般大眾及
行政公園綠地相關職員
尺寸：B5全彩48頁／黑白16頁
（全64頁）
發行本數：約4,000本
發行次數：一年2次（4月、10月）
售價：690日圓（含稅）
發行範圍：全國一般書店

《現代公園》
（（財）大阪府公園協會 舊機關誌）

《OSOTO》雜誌。由「景觀探險隊」的成員蒐集資訊，實際則由E-DESIGN、OPUS、studio-L三方共同編輯而成。因為三方各有本業，最多只能一年發行兩次。二〇〇六年春季發行「準備號」，至第6號為止都是一年發行兩次。二〇〇九年決定改由讀者提供資訊，以能夠雙向交流的部落格及電子雜誌形式刊載於「www.osoto.jp」。

人想要知道如何善用戶外空間。獨自一人也許很難跨出第一步，但是好幾個人一起在戶外用餐、讀書，會比單純在室內活動更有趣，彼此之間也會產生志同道合的情感，甚至因此孕育出某個限定主題的社群。《OSOTO》實際上也企畫過各種活動。每一次都在瞬間催生出了社群，如今也細水長流地聯繫在一起（由於當時的緣分所致，成立了NPO法人（譯註：特定非營利活動法人）「Public Style研究所」，展開各式各樣善用戶外空間的活動）。

風景是由當地居民的行為累積而成。儘管可以透過物理上的空間設計打造景觀，但是稍微改變人們的生活及行為，也能營造出更美好的景物。《OSOTO》所做的實驗，乃是一次試圖透過活動與專案進行的景觀設計。不是單純設計硬體，也透過軟體層面的經營管理設計景觀。這項實驗即在日後的實際專案上展現極佳的成果。

*1 忽那先生是我大學時期的學長，我們從造園學會主辦的田野調查第一年時便一起活動。當我自立門戶時對我關照甚多，我們也曾經合作了十五項專案。

♪ ♩ 𝅗𝅥 ♩ ♩ ♩ ♪ 𝅗𝅥

在戶外享受音樂的人們

在戶外享受音樂，對有些人來說是生活的一部分。
在哪裡、聽什麼音樂、有何感受？
當我們詢問人們各自享受的方式，
隨即發現戶外與音樂的奇妙聯繫。

#1 街道×鼓隊×宣傳
鼓隊通信社

#2 草原×烏克麗麗×教室
麗麗梅男先生

#3 森林×鳥囀×著迷
久下直哉先生

#4 任何地方（？）×手風琴×現場演奏
盧森堡公園

在戶外享受音樂的人們（摘自《OSOTO》）。

2 從專案設計景觀

千里復健醫院——大阪・二〇〇六~二〇〇七

從行為思考設計

位於大阪箕面市的千里復健醫院，專門提供腦中風病患恢復期的復健訓練。設計這間醫院庭園的是「E-DESIGN」的忽那裕樹先生，是和我連續參加好幾次造園學會工作營以及共同編輯《OSOTO》的景觀設計師。有一天，忽那先生問我：「要不要一起設計專案？」由於我在設計事務所工作期間，曾經學過利用植物栽培增強復健效果的園藝治療法，因此在設計收容恢復期病患的醫院庭園時，便提議專案內容應該以園藝治療為主軸。不單只是設計供人欣賞的庭園，而是規畫成可以實施復健活動的庭園。不過，最理想的做法不是明確劃分一

千里復健醫院的庭院。園藝治療師正在進行活動。（攝影：E-DESIGN）

塊明顯是復健專用的空間，而是從打造一處風景優美的空間開始，再讓該空間可以隨處進行園藝治療。

於是，我們首先設計可以配合播種、澆花等行為的園藝治療活動。接著一一規畫出與園藝治療沒有直接關係，但是能讓人們從事散步、閱讀等一般行為的空間。我們希望人們能在同時滿足兩種行為需求的空間裡探索，並保留衍生其他未知行為的可能性，因此以較抽象的形式展現空間形態，也就是尋找「可以這樣使用、也能那樣使用」的形態。最後標準設定為，這個空間創造出的風景應該要美得令人嘆為觀止。以上便是我們計畫中的設計流程。

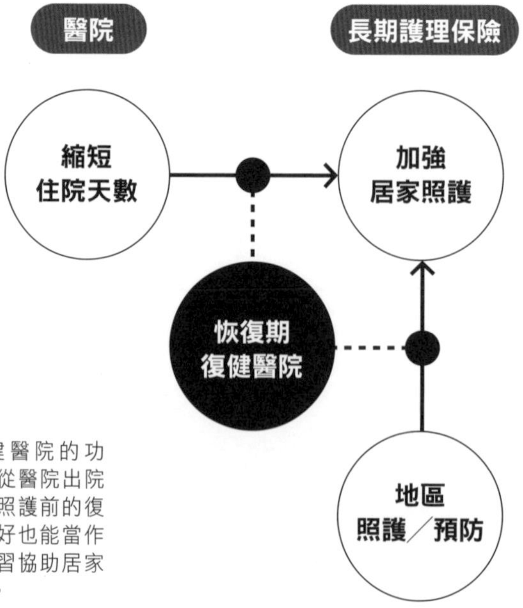

恢復期復健醫院的功能。是病患從醫院出院後轉入居家照護前的復健場所，最好也能當作當地居民學習協助居家照護的場所。

復健醫院可在當地發揮的功用

設計流程當中，我主要是負責前半的行為整理工作，不過忽那先生也會和我一起思考。後半主要是忽那先生的工作，但是我也會幫忙畫素描以及修改平面圖。我們一邊互相協助，一邊讓空間形態與營運方針慢慢成形。

思考園藝治療活動時，首先必須釐清復健醫院的定位。近年來，加入各地照護志工團體的人數愈來愈多，但是幾乎沒有管道可以學習園藝治療的技巧。如果是在室內實施的職能治療，可參加公民會館等處舉辦的研討會獲取相關知識，可是人們鮮少有機會在戶外空間學習，尤其是透過植物進行治療行為的園藝治療。因此，雖然恢復期復健醫院的首要之務是為病患提供復健訓練，但也可兼作當地照護志工在協助過程中學習的場所。

基於這一點，我們必須將庭園設計成當地居民也能進來學習園藝治療的空間，而不限於病患使用。除此之外，我們也希望病患與當地居民能在這空間裡互動交流、或者延請專人開設園藝治療課程。至於可供園藝治療師使用的場所，不是在醫院裡，而是在另一棟搭建一座小屋，希望是個能讓人們氣氛融洽、輕鬆自在地喝茶、讀書、閒話家常的空間。

園藝治療的效果

園藝治療指的是將栽種植物這項活動（挖土、整地、播種、植苗、澆水、除草、觀賞植物、嗅聞味道、採收食用等各種行為）做為復健訓練（活動指尖、使用剷子、拿起灑水壺、拔除雜草、烹調料理、準備及整理工具等各項行為），以達到復健效果的醫療行為。園藝治療法必須根據每一位病患的疾病內容，規畫適合的組合動作。因此，園藝治療師需具備相關知識、經驗與管理的能力。另一方面，照護志工則是從事一般的「園藝志工」活動。期間會協助執行園藝治療活動，與眾多病患一起享受園藝的樂趣，當病患本身藉這項活動獲得治療，志工也連帶療癒了自己。

事實上在這項活動中，透過植物獲得的療癒佔兩成、經由園藝作業得到的療癒約佔三成，相較之下，與其他人互動交流的療癒效果則佔了五成。重點在於，不是一個人孤伶伶地對著植物做園藝，而是可以和照護志工或園藝治療師交流互動、享

閒話家常可發揮園藝治療的最大效果。

受園藝樂趣。換句話說，並不是種植美麗的植物就好，而是製造機會與人互動。因此，社群和經營管理才是問題所在。

將活動設計與實體設計重疊對照

我們一面考量以上要素，一面整理空間上的需求，思考住院病患、志工、定期回診型病患、有住院經驗者或探病者、前來散步的當地居民等各類型的人會使用多少空間、以及哪一種庭園。接著將這些要素重疊對照，預設每一處空間的使用主體，列舉出多項可能發生的行為。

我把這些行為模式整理之後交給設計師，請他提出能滿足各項行為需求的空間形態。隨後與設計師再次檢視列舉出來的行為，並討論是否有其他行為出現的可能。既然行為可令人聯想到空間形態，反過來說，空間形態也可以激發出新的行為。

我們使用模型與透視圖確認空間形態並一步步修正設計，使其能夠成為一幅美麗的風景，千里復健醫院的設計作業至此告一段落。另一方面，我們也透過友人向院方介紹幾位具有實務經驗的園藝治療師，負責實施園藝治療活動以及召集當地志工。目前已有一名被醫院錄用，在完工的庭園裡進行園藝治療活動。

圖表、相互理解、共同合作

在意見交流過程中，我注意到三項重點。第一項是圖表的重要性。可用來詳細檢視專案活動及行為，仔細評估設計是否符合需求，藉此調整整體架構，建構出美麗的景觀。若是能在這項流程中，利用關係圖與示意圖等圖表，將人們的行為模式及關連性具體呈現出來，並且落實於空間配置的話，便能有效地向設計師傳達自己的理念。反過來說，如果能製作出優良的圖表，更有助於決定設計的方向。

另一項是檢討空間形態的人必須了解專案活動；評估專案活動的人，也必須理解空間的設計概念。以這次來說，我本來是負責景觀設計，後來再參與活動設計；忽那先生則是全盤了解活動設計之後再負責景觀設計，所以我們彼此溝通交流得十分順利。在實際討論過程中，好幾次都是忽那先生提出新的活動構想，我則是對空間形態提出新的建議。

最後，我也從以上兩項重點得出了一個重大發現，那就是不必一個人絞盡腦汁思考軟體及硬體該怎麼做，只要與值得信賴的設計師互相配合，即可將硬體設計交給對方處理。工作期間如果能有一位理解彼此需求的設計師，大可將硬體設計交付給他，這一點就是我在一連串設計流程中摸索到的最大收穫。

由於我本身是從事硬體設計，對我來說，把這部分委託其他人設計，感覺就像放棄了本

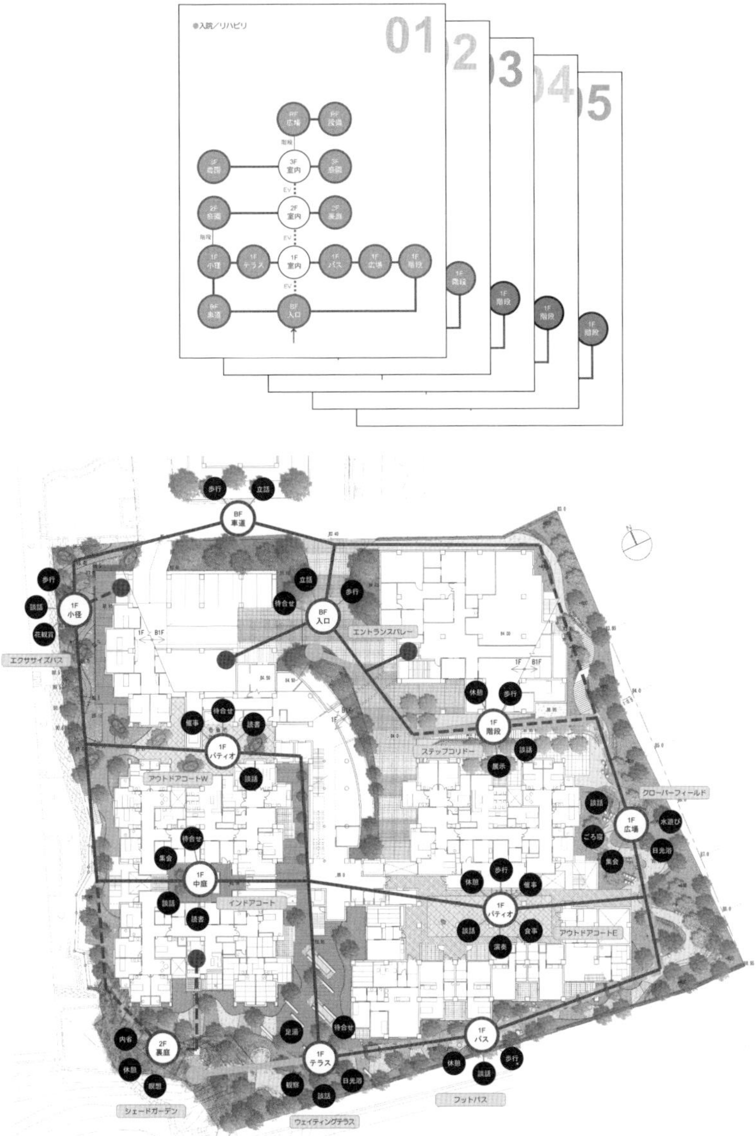
●入院/リハビリ
01
02
03
04
05
3F
室内
2F
室内
1F
室内
BF
入口
EV
階段
BF
車道
歩行
立話
1F
小径
談話
花観賞
エクササイズパス
待合せ
エントランスバレー
休憩
1F
階段
ステップコリドー
展示
1F
パティオ
読書
催事
アウトドアコートW
クローバーフィールド
水遊び
ごろ寝
日光浴
集会
1F
中庭
インドアコート
食事
演奏
アウトドアコートE
2F
裏庭
内省
瞑想
1F
テラス
足湯
観察
1F
パス
シェードガーデン
ウェイティングテラス
フットパス

將活動與設計重疊對照。

業。但是透過這項專案活動，我開始改觀：「這世上有很多人會設計硬體，既然其中有好幾位值得信賴的設計師，我不就可以專注在其他應該做的工作嗎？」

我開始感受到，不從事設計的設計師也有無限潛能。

Part

3

社區設計——牽起人際網絡的工作

1 從一個人開始發展社區

家島專案｜兵庫・二〇〇二～

從射飛鏢開始

在我帶領造園學會的田野調查「生活工作坊」期間，參加者中有一位名叫西上亞里莎（現為studio-L的成員）的學生表示想用「社區總體營造」當作畢業研究的主題。她說在參與過生活工作坊、一同思考堺市環濠地區的未來後，變得很不喜歡那種隨便設計一座外觀時尚的公園就說是「社區活性化」的提案。這個觀念非常正確。但是大學裡只有教如何設計空間的老師，因此希望我能像帶領環濠生活專案一樣指導她。而我正好有教師證照，完全稱了她的心意，真是沒辦法。剛好生活工作坊的活動也告一段落，我便開始指導西上同學的畢業研究。那時候我還在設計事務所工作。

首先，我告訴她從事社區總體營造最需要的是溝通能力。畢業研究若只是去調查著名的社區總體營造事例，整理出它們的特徵，最後提出大同小異的社區總體營造企畫，這種方式根本無法訓練溝通能力。前往陌生的土地，以最燦爛的笑容和溝通能力與當地人們交談，從中探詢出當地面臨的課題才是最重要的。如果能做到這一點，畢業研究即完成了一半，剩下的就是與當地人們合作，提出解決課題的方案。為了舉例，我在研究室牆上貼了一張西日本的地圖，並將飛鏢射向大阪，以此為例向她解釋社區總體營造的理想做法：就像射飛鏢一樣，突然到某個地方走訪，並與當地居民閒話家常，藉此找出當地面臨的問題。

我只是舉例而已，沒想到她真的射了飛鏢，但是因為不太會射，結果射中了距離大阪甚遠的西部離島：兵庫縣姬路的家島群島。從那一天起，西上同學便輾轉搭乘電車、公車及船舶

家島群島，從姬路港搭船約30分鐘距離的海上群島。盛行採石業。

往返家島。

家島群島是從姬路港搭船約三十分鐘距離的海上群島。由四十幾座島嶼組成的家島群島中，其中有四座是「有人島」。大部分人口集中在家島和坊勢島，家島町的町公所（目前已與姬路市合併，町公所成了家島分所）則設於家島。隔壁的男鹿島以採石為業，人們挖山採石運出大量石材。家島町的人口將近八千人，由於產業衰退的關係，目前人口正急遽減少。主要是因為公共工程減少，導致主幹產業的採石業低迷不振，相繼歇業。

孤身勇闖家島的西上同學，面帶笑容與路過的行人閒談，藉機探詢當地面臨的問題。想當然耳，她詭異的行動不免讓當地人起疑心：「這傢伙是來幹嘛的？」當她前往町公所索取相關資料及資訊時，也被盤問究竟做何用途。西上同學只好回答說，因為畢業研究打算以社區總體營造為主題，因此希望在家島町進行田野調查，了解當地居民的想法。當時是二〇〇二年。

社區總體營造研修會

為了畢業研究的田野調查開始往返家島町的西上同學，後來以委員身分參加了町公所成立的「家島振興計畫籌備委員會」。主席是一橋大學的關滿博教授（日後把我們介紹給島根縣

人口8,000人的家島町。

海士町的町長），他聽說有位大阪的大學生在島內晃來晃去，於是提議讓她加入委員會，藉此聽聽島外大學生的意見。

「家島振興計畫籌備委員會」雖然是以振興家島為目標，但內容幾乎都是有關當地的經濟發展，討論主題也盡是圍繞衰退的採石業。西上同學除了和我討論畢業研究之外，也會跟我說會議的實際情況。我認為問題不能只著重採石業，有必要全盤檢討島上整體生活型態，於是鼓勵她向委員會提出舉辦社區總體營造學習會。當西上同學本著學生的一派天真向委員會提議時，頓時讓主席關教授覺得很有趣，事務局裡的家島町企畫財政課也欣然接受這項建議。由此可知，最重要的是以誠摯的心面對社區總體營造問題。

家島町至此首次展開了社區總體營造相關活動，名稱就叫做「社區總體營造研修會」，直截了當。那時候生活工作坊已經告一段落，我正要以全新的「Studio:L」團隊在堺市進行活動。由於家島町委託我們負責研修會事務，我便教給了「Studio:L」的學生成員有關社區總體營造的知識以及談話的技巧，並放手讓他們擔任研修會的引導者。七名學生成員即以西上同學為首，一起學習社區總體營造的知識，並且邊看邊學習研修會的管理事宜。當學生們在研修會事務上遇到瓶頸時，也會在「Studio:L」的會議上提出來討論，就這樣一步一步推動家島町的社區總體營造計畫。二〇〇二年，學生們學到了社區總體營造實例和NPO法人相關知識，並進行了島內的田野調查。二〇〇三年召開座談會，讓其他地區從事社區總體營造活動的人們與家島町居民互動交流。二〇〇四年，為了製作家島町指南，學生們忙著田野調查以及請教對當地歷史文化熟悉的人，最後完成了一本記載各自治會組織詳細資訊的導覽。

島境探訪（五年計畫）

製作導覽的過程中，最大收穫就是讓參加者深度了解家島町，使他們對家鄉的情感更濃郁。但是各自治會製作的宣傳導覽內容，並無法讓都市圈的人看了之後提起興趣，興起「想要去家島看看！」的念頭。這是因為家島町居民想

社區總體營造研修會的成果：各自治會組織製作的導覽。不過對於來自都市的人而言，可能覺得沒什麼特別。

要介紹給外來客的景點，盡是似曾相識的風景名勝，例如賞櫻勝地、視野遼闊的山頂廣場、系出名門的當地神社等等。有人真的會看了這些資訊後，特地前來家島嗎？想到這一點，我認為應該製作一本，能讓我們這群外來客直接感受到家島魅力的導覽手冊。

有些景物島上居民可能覺得司空見慣，但對於外來客來說其實魅力十足。如果要成立專案將這些景觀彙整成冊，勢必得獨立進行，而不是依靠行政組織。此外，既然這項專案活動是讓外來客來島上體驗樂趣，參加者也應該自行負擔費用才對。「自己出錢探訪島境，最後再帶著島上的體驗，收穫滿載而歸。」我們以此為概念，成立了「島境探訪」專案活動。

主要的訴求有兩項：一個是讓外來客經由探

訪家島成為家島的愛好者，另一個是讓島上居民了解家島吸引外來客的魅力所在。為了達成目標，我們決定連續五年舉行「島境探訪」專案活動。在這五年間，我們期望讓參加者從眼前的表層景象，一點一滴深入了解家島的生活百態，最後完成一份足以向外來客介紹家島生活魅力的手冊。

活動行程為七天。第一天是說明活動主旨以及認識新朋友；第二天是學習島上的歷史文化與田野調查的技法；第三天至第五天會安排三天兩夜的島內探訪；第六天是編輯會議，把拍到的照片蒐集成冊；第七天是領取完成的紀念冊以及慶功宴。參加活動的費用共計兩萬七千日圓，包括姬路到家島的交通費、講師費、紀念冊印製費、島內伙食費及住宿費，參加人數限定三十名。我們寄送簡章以及透過網路、部落格通知全國的社區總體營造相關科

每年有30名來自全國各地的大學生參與「島境探訪」專案活動。

系，每年都會誕生一支約三十名成員的團隊，其中也有來自東京或九州的參加者。

二〇〇五年舉行的第一次島境探訪活動主題是「作客家島」。在家島，經常可以發現人們把都市圈裡的家用物品拿到戶外使用。像是椅子或沙發、流理台、冰箱、食物、時鐘、手寫的留言、地毯等，當地居民不會立刻丟棄不能使用的家用物品，而是拿到戶外空間賦予新的用途。放在外面的冰箱不但可以搖身一變為收納農機用具的倉庫，舊地毯也可以鋪在田邊小路上，用來防止雜草滋生。為什麼他們要這麼物盡其用呢？原因是島上的廢棄物清除處理費用比都市圈還高，若是把家中不要的物品拿到外面使用，便能減少廢棄物，過著環保的生態生活，同時讓造訪島上的人們倍感新奇。這是一座讓戶外空間宛如室內般閒適，彷彿就像待在自己家裡的島。「家島」之名，源自神武天皇（譯註：日本神話中記載的第一位天皇，在位期間為西元前六六〇～前五八五年）當年在這座島上躲避暴風雨，由於家島地形錯綜複雜卻風平浪靜，如同待在家中一樣安穩，因此命名為「家島」。如今不只無風無浪，散落在島內各處的物品更增添了居家氣息。我們把這項特徵蒐集成冊，主題訂為「作客家島」，感覺就像到某人家中叨擾一樣造訪島上。

彙集第一年「島境探訪」專案活動田野調查成果的紀念冊，主題為「作客家島」。

留言

「內有 Eddie（譯註：小狗的名字）」、「請先行一步」、「大頭貼開關」……。這些手寫的留言隨處可見，感覺就像留下貼心話語給認識的人。每當我們發現這類留言，隨即湧起一股「歡迎來家島」的感受。

時鐘

就像在學校或公園可以看到時鐘一樣，家島面對街道的公布欄和商店正面、一般住家的玄關前都掛著時鐘。有的甚至掛出了咕咕鐘。也許是方便人們隨時確認船隻的出航時刻。

在家島，經常可見人們把家用物品拿到戶外使用。

砂 石 業

想爬上去看看

想去最前面瞧瞧

想操作看看

想看看怎麼挑選

砂石業是把大型岩盤慢慢震碎，利用震動方式挑選，再根據使用目的製成產品。碎石種類有「路面用碎石」，以及護岸工程等用途所使用的碎石。

第二年的主題是採石業。第一次看到碎石場，彷佛置身國外。

第二年的活動，我們前往採石業盛行的男鹿島進行田野調查，探訪劈山碎石以及搬運的工作現場。這是一座平坦如沙漠的島，我們彙集的紀念冊中，既有飼養鴕鳥的人家、也有荒廢閒置的大型機械，這些平日罕見的光景使人猶如置身國外。第三年，我們住在島上人家，體驗了「島境款待」。第四年，我們借了間空屋，將在自食其力的生活中發現的島上特徵整理記錄下來。第五年，我們體驗了島上居民的各行各業，為辛勤工作的人們製作海報。特別是第五年，除了島境探訪的成員之外，我們還與慶應義塾大學加藤文俊研究室的學生們聯手實施田野調查。

每一年彙集的紀念冊皆印刷一千五百本，由參加者各帶二十本回去，其餘的便放在島內各處，以及大阪、神戶等地的大學或咖啡廳。參加者可以把集結自己探訪成果的紀念冊給朋友看，向他們描述家島的魅力，也能當作求職時展現自己參與過的活動資料。

島境明信片

最初之際，島上的人們幾乎無法理解這群外來客感到有趣而拍下來的照片內容。對當地居民而言，我們蒐集來的照片盡是隨處可見的平凡景物，有的甚至不堪入目、亂七八糟，他們完全搞不懂到底哪裡有吸引力。我們在製作「島境探訪」紀念冊時，也有好幾張照片因為居民堅持「不願刊登」而作罷。但在我們眼中，每一張照片都是彌足珍貴、逸趣橫生。因此，我們覺得有必要讓島上居民了解，都市圈的人們與島上的人們對於景觀魅力的看法大不相同。

於是，我們把島境探訪專案活動參加者拍攝的照片用明信片印出來，製成了兩百種圖畫明信片，在家島港口以及大阪市內兩處場所展示，並且讓來場者各帶兩張喜歡的明信片回去。結果發現家島及大阪市內被索取一空的明信片完全不一樣。家島最受歡迎的明信片是從神社或港口、山岡上遠眺的風景照，大阪最熱門的明信片則是孤立在田裡的冰箱或擱置在岸邊的採石用巨型鐵爪。這項結果足以讓島上居民了解「外面和裡面的觀點」確實有差異。

由於看過島境探訪紀念冊而造訪家島的人愈來愈多，當地居民也逐漸理解都市圈的人們喜愛的是哪一種景觀。對家島町來說，過去島上的主幹產業是由漁業轉移至採石業，往後則打算轉型至觀光業。當他們問我，該朝哪一個方向發展才能轉型至觀光業時，我的建議是規畫出可以逐步增加來訪人數的措施。如果採取打造主題樂園的做法，就算可以一下子招攬大批遊客，這些人也會立刻厭倦而不再來島上。不是打造出只讓一百萬人來訪一次的島嶼，而是規畫出能讓一萬人造訪一百次的島嶼。因此，我的著眼點是如何培養家島的粉絲。從這點來看，我覺得透過島境探訪活動，慢慢增加願意把家島當成第二故鄉的年輕人是很重要的。

03
2007
豪華
絢爛
おみやげ干物
衝撃のもてなし!!
参加者、いえしまの民家に泊めてもらう
ワタリガニ、アワビ、サザエ、タイ
食べきれないくらいの食事に
参加者タジタジの現場
加えて
歌や踊りでもてなされ、
興奮の日々！！
その全貌が今、明らかとなる！
こんなもてなし
あなたはうけたこと
がありますか？
私たちはうけたことがありませんでした！
プロジェクト第3弾 ついにいえしまの深層にせまる！
「探られる島」プロジェクト 2007
プロジェクトブック
第三年，借住島上人家。

享用的「美食」

借住的民家端出來的料理十分驚人。有鯛魚、石狗公、鱧魚、星鰻、明蝦、蝦蛄、烏賊、紅鳟……等許多平時吃不到的新鮮海產。烹調方法十分簡單，因為食材新鮮，自然不需要過度加工。這是熟知各種美味鮮魚吃法的家島獨門「款待料理」。當然，分量也令人咋舌。

在家島接受的款待。

油、売ってます。
「探られる島」プロジェクト FINAL
島外の大学生がいえしまの仕事をPRするポスターを製作しました。
「探られる島」プロジェクト実行委員会 +慶応義塾大学 連絡先:06-4965-4717 http://www.npo-eden.jp/studio-s/

第五年體驗了島上居民的各行各業，參加者為島上辛勤工作的人們製作海報。

島境探訪的構想，是源自大學建築系的設計實習課。我們會前往設計實習的對象地區調查多次，整理出當地的魅力及面臨的問題之後，提出適合當地需求的空間形態。經由這種方式接觸到的場所，往後也會持續關切。更何況是為了畢業研究而深入走訪過的地方，一定會讓人不時想起：「那裡現在變成什麼樣了呢？」如果人們對家島有這樣的情感，就算每年只有三十個人參加，它也會成為這些人們幾年後會心血來潮想要造訪的一座島；同時也是令人想要把紀念冊分享給朋友，介紹他們前去遊玩的一座島；與當地居民互動交流後，更會成了心中不時掛念的一座島。如今有愈來愈多學生因為參加島境探訪專案活動，激起了想要深度探索家島的心，而選擇來這裡進行畢業研究或畢業製作的田野調查。目前已有十五名學生以家島為主題撰寫論文或創造作品。之後也有不少參加者隨著就業或結婚等人生重大階段，再次來到家島，向島上居民報告或打招呼。例如任職於國土交通省、偶然被分配到離島振興課的島境探訪參加者寺內雅晃先生（過去也曾參加生活工作坊），便常為了工作造訪家島。

使人閒適得猶如置身家中的島。但願能藉著和島上居民互動交流，成為人們不時掛念、還想再次造訪的一座島。

《家島社區總體營造讀本》——研擬綜合振興計畫

二〇〇四年，當我們在「社區總體營造研修會」上製作前面所提到的各自治會導覽時，家島町公所的企畫財政課問我可不可以讓居民參與制定綜合振興計畫？他們希望參加研修會的四十位居民和其他六十位居民，共計一百位居民能夠一起規畫新的綜合振興計畫。

因此，我們以參加研修會或出席座談會的人們為主，公開招募了一百位居民，分組討論綜合振興計畫的內容。當初是希望以研討會的方式互相討論，並根據居民提案的社區總體營造活動研擬綜合振興計畫。但是這項計畫在第二年即因為家島町與姬路市合併而中止。一旦合併，就沒有必要規畫家島町自己的綜合振興計畫了。然而，姬路市也有人反映，何不把家島地區當成社區總體營造的示範區域，把居民的提案蒐集起來，當作今後社區總體營造的實施方向？於是，我們把居民在研討會上提案的內容編輯成《家島社區總體營造讀本》。這部讀本將

把居民參與規畫的綜合振興計畫編輯成《家島社區總體營造讀本》。

居民提供的建議按照實施人數整理，依次編成「一個人能做的事」、「十個人能做的事」、「一百個人能做的事」、「一千個人能做的事」，目的在於呈現自助、共助、公助在社區總體營造過程中的關係。自己能力所及的事便自己動手做；需要別人協助才能做的事便號召同伴；憑數人之力實在無能為力的事便與行政單位配合運作。我們為了釐清其中的關連，依照人數編列目錄。這本書印刷了三千五百本，在閉町儀式上發給島內每一戶人家。

社區總體營造基金

在二〇〇五年合併之前，企畫財政課曾經找我商量一事。家島町除了各方捐贈的一億日圓之外，還有兩億日圓的「合併特例債」（譯註：合併後的地方自治組織可依照人口多寡與土地大小計算出舉債定額，可在十年間於定額上限之內舉債在當地興辦事業或從事建設，並由中央協助償還部分款項），因此可自由調度的金額為三億日圓。企畫財政課希望在合併之前利用這筆經費造福町民，不過除了興建文化設施之外，是不是還有其他更靈活的使用方法？對於從事設計的我來說，在家島設計新設施是一項極具吸引力的工作，或許可以藉此躋身建築師的行列。但是我也十分了解公共建築的弊端，尤其是在這種情況下建造出來的建築物通常中看不中用。我只好忍痛壓抑以建築師成名的誘惑，提出了可以在合併之前成立「社區總體營造基金」。

11

十個人能做的事

不要再說：「以前比較好」。

和「以前比較好」類似的話語

- 「最近的年輕人啊……」
- 「我年輕的時候……」
- 「不應該是這樣……」

吃飯、喝酒時，是不是忍不住會說「以前比較好」這類洩氣話呢？「如果能回到從前就好了」，一旦起了念頭，便是滿腹牢騷。

聚餐或喝得微醺時，如果能聊聊「往後要怎麼開心度過」，現場氣氛必定會歡樂許多。

試試看，不要再說「以前比較好」。而是暢談「我下次想要做這個」、「大家一起做吧！」

有建設性的會話，才是令人滿懷期待打造「家島」未來的契機。

請大家在以下場合試試看！

- 同學會。
- 賞花時。
- 吃尾牙。
- 喝春酒。

大家歡聚一堂喝春酒

十個人能做的事。不要再說：「以前比較好」。（摘自《家島社區總體營造讀本》）

如果每年使用一千萬日圓的話，三億日圓即可持續使用三十年。假設每年限定十個團體可以拿到上限一百萬日圓的社區總體營造補助金，一年的補助費用便是一千萬日圓。若是三十年間持續支援家島地區的社區總體營造活動，仍然可以讓家島地區成為姬路市內社區總體營造活動首屈一指的場所吧。只要經過兵庫縣主管機關許可，以公益信託的形式委託銀行保管經費，就算日後合併，這筆錢也只能用於家島地區的社區總體營造，姬路市本身不可以隨便動用。所以成立選定委員會，審核各團體遞交的申請書以決定是否發放補助金，以此持續支援家島地區社區總體營造活動，這才是三億日圓的最佳用途。以上便是我的提議。

企畫財政課的行動十分有效率。他們立刻與縣政府洽談，將三億日圓以信託形式存放在銀行。如此一來，不但可以確保這筆經費成為選定委員會提供社區總體營造活動團體的補助金財源，也不會受到姬路市的意見所影響。選定委員會由十位成

使用補助金、並由當地居民提議的「打造海之家」專案，「studio-L」也有參與。當時是由關西的大學生與島上的漁夫一起興建海之家。

成立NPO法人「家島」的阿姨們。

員組成，除了各自治會的會長、町議會議員、町長等人之外，我這個提案人也被選為委員。從「Studio:L」時期即參與家島相關活動的大阪產業大學的檀上祐樹先生同樣是委員之一。這項補助制度始於二〇〇六年，至今依然有許多團體接受補助進行活動。

成立NPO法人與開發特產

打從二〇〇二年開始實施「社區總體營造研修會」，便有一群阿姨跟著我們一起行動。她們似乎沒有意識到自己的年齡已經屬於「阿嬤級」，像是多了孫子孫女一樣開心地參與這個社群。我們便和她們一路從社區總體營造研修會，陸續合作了島境探訪、島境明信片、綜合振興計畫等活動。這個團體不同於自治會或婦女會，是

NPO開發的特製家島壽司「亞理莎與阿嬤」。包裝紙以報紙形式呈現，讓人們邊吃邊看。內容則是西上同學將飛鏢射中家島所展開的一連串插曲。

主題型的社群。二〇〇六年時，她們對我說，希望取得NPO法人的認證，讓這個社群以NPO法人的形式自「studio-L」獨立出來，進而取得資金援助繼續維持社區總體營造的活動。這是由於她們長期聽我述說什麼是NPO法人、以及成立法人的優點，使她們自然而然以此為目標。

我立刻和阿姨們著手製作成立法人的相關文件，幾個月後，NPO法人「家島」於焉誕生。這個NPO團體的活動主要分成兩種，一個是使用家島出產的魚貝類開發及銷售特產品，另一個便是利用銷售特產品的盈餘，展開社區總體營造活動。在開發特產品方面，主要是以合理價格收購豐收時期價格較低的魚以及體型尺寸不符標準的魚，經過加工增添附加價值後對外銷售，藉此提振島上的水產業，並且透過特產品達到宣傳家島的目的。社區總體營造活動方面，則是重新發行因合併而停刊的《家島情報》，將島內訊息分享給所有人，同時成立福祉計程車隊，照料行動不便者的生活。

在國土交通省舉辦的活動上宣傳家島。

阿姨們開發的「海苔子（のりっこ）」與包裝設計。
原本的隨興包裝設計即顯得溫馨可愛（右下圖），設計師們以此為靈感創作了不少設計作品，十分感謝。（左下圖。設計：大黑大悟）

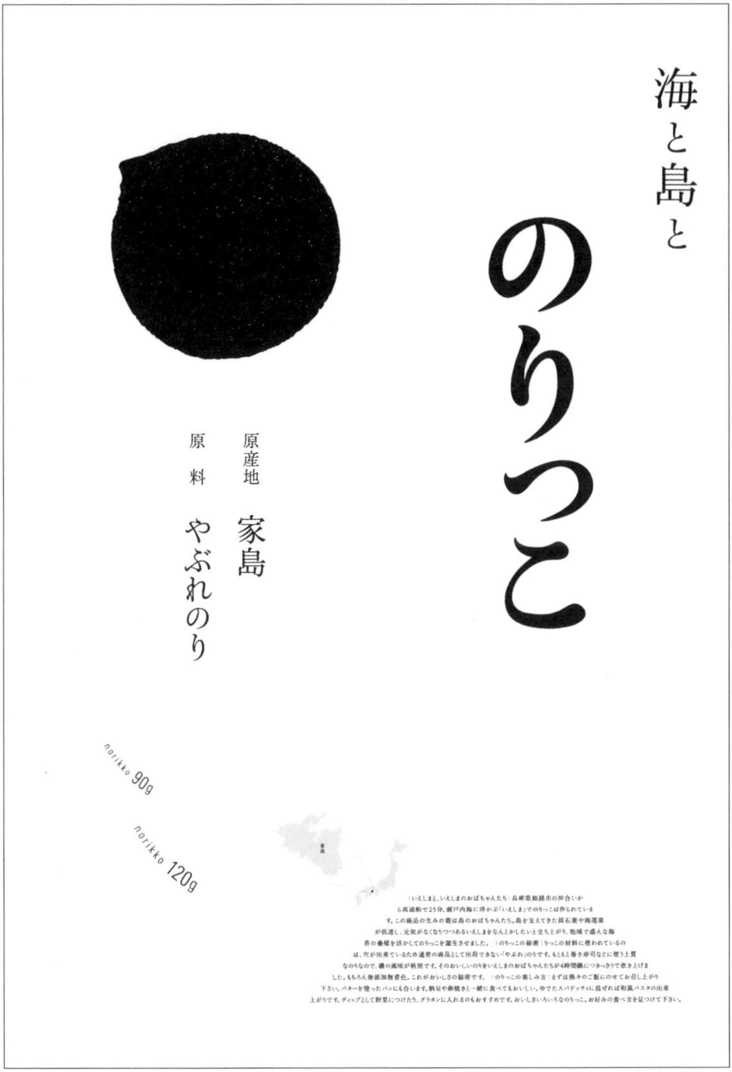
海と島と
のりっこ
原産地 家島
原料 やぶれのり
norikko 90g
norikko 120g
家島
｜いえしまと、いえしまのおばちゃんたち｜兵庫県姫路市の沖合いから高速船で25分。瀬戸内海に浮かぶ「いえしま」でのりっこは作られています。この商品の生みの親は島のおばちゃんたち。島を支えてきた採石業や海運業が低迷し、元気がなくなりつつあるいえしまをなんとかしたいと立ち上がり、地域で盛んな海苔の養殖を活かしてのりっこを誕生させました。｜のりっこの秘密｜りっこの材料に使われているのは、穴が出来ているため通常の商品として出荷できない「やぶれ」のりです。もともと巻き寿司などに使う上質なのりなので、磯の風味が格別です。そのおいしいのりをいえしまのおばちゃんたちが4時間鍋につきっきりで炊き上げました。もちろん無添加無着色。これがおいしさの秘密です。｜のりっこの楽しみ方｜まずは熱々のご飯にのせてお召し上がり下さい。バターを塗ったパンにも合います。納豆や卵焼きと一緒に食べてもおいしい。ゆでたスパゲッティに混ぜれば和風パスタの出来上がりです。ディップとして野菜につけたり、グラタンに入れるのもおすすめです。おいしさいろいろなのりっこ。お好みの食べ方を見つけて下さい。

「海苔子（のりっこ）」的海報。

ＮＰＯ法人「家島」自二〇〇八年起參與國土交通省舉辦的「i-lander」離島宣傳活動，到了東京宣傳家島地區的魅力。成員們在現場發送「島境探訪」紀念冊以及銷售特產品，努力向東京居民和遠從全國各個離島前來參加「i-lander」的人們，宣傳家島地區的迷人之處。

二〇〇九年，ＮＰＯ法人「家島」開始與千里新市鎮、多摩新市鎮等居住在大型新市鎮的人們交流互動。除了號召新市鎮居民團購家島的加工產品之外，也會透過部落格或推特發布當地資訊，並且招待居民們前往家島參觀生產地。只要讓人們全盤了解這些加工產品的製作者、使用素材以及生產地，便能經由特產品培養家島的愛好者。

除此之外，包裝設計上也納入了宣傳家島地區魅力的元素。不只是在包裝上記載商品資訊而已，我們也在設計方面不斷摸索，如何將人們在生產及加工過程中投入的心意以及家島的生活文化、特產品誕生的背景故事呈現在包裝上。基本上是由「studio-L」負責包裝設計，不過有時候也會招待平面設計師來家島，從現場汲取包裝設計的靈感。

旅棧專案（guest house project）

ＮＰＯ法人「家島」自二〇〇八年起展開了將空屋化為旅棧（guest house）的專案活動。和全國的離島一樣，家島的空房子也愈來愈多。但是屋主卻不太願意出租。一般來說，不願出租空屋的理由有五項。第一個是「家人們會在中元節或新年假期時返鄉，因此老夫妻寧願守著過大的房子也不願租給外人」。第二個是「家裡有佛龕，所以不可能外借」。第三個是「不希望人家搬動堆在房子裡的物品，因此不出借」。第四個是「出租之後，來自外地的房客如果在當地闖了禍，自己也要負起連帶責任」。最後則是「不希望被看扁，認為『那一家竟然落魄到要出租才能活下去啊』」。

基於上述幾項因素，我們開始研究可以讓家島空屋旅棧化的裝置道具。也就是利用道具把有佛龕或者擺了一堆雜物的房間區隔開來，承租人即可讓屋主不願開啟外人進去的房間保持原樣，利用其他空間招待客人。道具是配合日式隔間的規格製成，當房東想要收回某間空屋時，旅棧經營者可立即將道具折疊，拿到別的空屋轉移陣地重新開張。

旅棧的出租對象設定為外國旅客。這是由於家島地區的民宿等設施已經招攬了國內的旅客，所以我們的旅棧客群不可以

2009年實施了服務人員培訓講座。除了款待教學以及介紹家島地區的魅力之外，也安排視察京都的旅棧等設施，之後隨即舉辦招待外國人入住空屋的實驗旅棧。參加培訓講座的十一位受訓者中，有一位住在家島實行旅棧專案，因此目前即由該位服務人員與NPO法人「家島」協助推行專案。

向漁夫借來的大漁旗當作隔間，搖身一變為旅棧。今後也會繼續檢討隔間用的裝置模組。

和民宿相重疊，以免造成困擾。因此，我們要開拓尚未來過家島地區的客群，讓他們愛上家島，下次再來時便請他們向民宿預約訂房。如果是這種形式的專案，民宿業者應該也會給予支持吧？

姬路城已列為世界文化遺產，儘管有不少外國人會從京都前往姬路，卻僅待了數小時後立刻轉往廣島。像這樣，投宿在姬路的外國人並不多，對他們來說只不過是一個中途點而已。而我們成立家島地區旅棧專案的觀光訴求，即是希望能吸引特地來到姬路的外國人搭船前往家島，享受閒適愜意的時光。

在五年間培育出得以自立的社群後，隨即功成身退

我們在家島地區舉辦過的活動十分多元，例如社區總體營造研討會、透過田野調查深度了解當地、以外來角度發掘當地魅力的「島境探訪」專案、由居民參與綜合計畫、設立社區總體營造基金、開發特產品以及當地的公益事業、活用當地空屋招攬外國旅客的旅棧專案、培育觀光服務人員等等。以上都是藉著推動各項活動組織當地居民，教導他們如何用自己的力量實施專案活動，研擬生財之道，並與其他地區建立合作體制。長期累積經驗的結果，不但在當地培育出得以獨立運作的社群，他們也能延續我們的工作，將它發揚光大。感覺上，

前後大約是五年左右吧。五年後，我們即從當地功成身退。

以家島地區為例，社區總體營造確實也是一大課題，但是最迫切的還是該如何在主幹產業衰退的情況下創造新的產業生機。迅速崛起的地方產業通常會因為某些因素急遽衰退。當主幹產業從漁業轉到採石業時，家島也因此盛極一時，但是採石業一旦萎縮，家島的經濟也無可避免地一口氣衰退了。如今從採石業轉型至觀光業，更要注意不可重蹈覆轍。將家島打造成休閒度假區吸引大批遊客前來觀光，或許可以在短期間改善經濟發展，但是幾年之後還是會面臨同樣的問題吧？與其如此，不如一步一腳印地開發觀光據點，慢

腳踏實地打造觀光城市有其用意存在。

慢培養觀光服務人才，逐漸讓當地居民理解如何款待來客。如果來訪遊客愈來愈多，當地居民也不會感到措手不及，更沒有必要借錢投資設備或者匆忙雇用人手，腳踏實地打造觀光城市的用意即在於此。實行的腳步不可操之過急，必須留給居民寶貴的緩衝期，才能在嘗試錯誤過程中推行活動，逐步找回自己的主體性。社區設計的關鍵之一，便是像這樣的「慢工出細活」。

2 一個人能做的事，十個人能做的事，一百個人能做的事，一千個人能做的事

海士町綜合振興計畫｜島根・二〇〇七～

讓居民參與綜合計畫，培育社區總體營造的中堅人才

不論去日本哪一個政府機構，都會注意到裡面擺了一本彙整綜合計畫的書冊。「綜合計畫」指的是行政單位的最高指導原則，整理了市町村會在未來十年內著手施行的各種政策。包括教育、福祉、產業、環境、建設、財政等各方面所有行政工作的十年計畫。

不久之前，法律甚至還規定綜合計畫書冊的記載項目，所以市町村的辦公室書架上一定要擺放幾本（一九九九年修正地方自治法後，除了基本架構之外，其餘內容可自行決定）。

儘管辦公室裡擺著這部書，但是除非必要，職員幾乎不會主動翻閱。這類綜合計畫大多

和當地居民一起參與綜合計畫，有助於培育社區總體營造的中堅人才。

是委外制定，既不是由各課的職員擬定，也不是當地居民規畫出來的。只不過因為全國市町村有統一的格式，只好延請專門制定計畫的團隊製作符合規定的文書。所以各課職員絕大多數都不知道其中的內容，更何況是一般居民，根本不曉得有這類書籍。內容則是與其他自治組織大同小異，「打造饒富趣味的全新城鎮」這類的標語最是常見。

「將十年才改訂一次的綜合計畫委外製作，又做得和其他市町村沒兩樣的話，未免太可惜了。」島根縣的離島、海士町的町長山內道熊先生有了這種想法。既然要規畫城鎮的綜合計畫，不是應該讓當地居民和行政職員參與，大家一起集思廣益比較好嗎？一橋大學的關滿博教授聽到這番話後，隨即向海士町的町長介紹我們在家島地區實行的專案活動。

當我在海士町公所的町長室與町長會面時，提到了「讓當地居民一起參與綜合計畫，有助於培育社區總體營造的中堅人才」。實際上，我們當初花了兩年時間和家島地區的居民一起研擬綜合計畫，期間即培育出各種活動團體。遺憾的是，家島町後來與姬路市合併，使得這項綜合計畫無用武之地。我們將計畫的精髓編輯成《家島社區總體營造讀本》，當時的活動團體如今則成了家島地區社區總體營造的中堅分子。其中最出色的便是NPO法人「家島」的阿姨們展開的活動，除此之外，也誕生了建造海之家管理海灘，以及協助觀光協會探索新的旅遊方式等各類團體。我認為研擬綜合計畫固然重要，但是透過這道流程將參與的居民分成小組，個別實際執行各組在綜合計畫提出來的公共工作活動更為重要。

海士町長的想法也和我一樣。海士町過去已率先實行各項公共工作，島上兩千四百位居民中，落腳此地的移居者（I-turn）即超過二百五十人。除此之外，「U-turn」返回島上居住的人也相當多（譯註：「I-turn」為原住都市者後來到鄉村工作定居；「U-turn」是原住鄉村者至都市發展，後來又回到鄉村工作定居）。海士町的社區總體營造看似成功，事實上仍有幾項課題待解決。其中一個便是移居者（I-turn）、返鄉者（U-turn）以及當地久居者之間缺乏互動。移居者雖然想與當地久居者交流，卻一直找不到機會；當地久居者不了解外來的移居者是什麼樣的人，因此始終保持距離觀察。至於夾在中間的返鄉者，對於雙方都是冷淡疏離。結果大部分的移居者只和移居者來往，返鄉者與當地久居者也只各自和同類的人們相處。

島根縣的離島，海士町。人口2,400名，包括長久以來住在當地的人、從外地返鄉的人（U-turn），以及250位移居者（I-turn）。

如果由居民參與綜合計畫，最理想的做法應該是讓移居者、返鄉者以及當地久居者混合分組討論。並且在適當時機進行「破冰遊戲」、「建立團隊」、「支援前線」（選出隊長的同時，也要讓團隊成員明白自己肩負支援隊長的角色任務，藉此達成目標的遊戲）等團隊遊戲，花兩年時間研擬計畫，往後再實際推動自己提出來的工作。三種居民間的差異自然會在這段期間消弭於無形，分頭完成各組的任務。我們的目的確實是讓居民參與綜合計畫，但是最重要的目標在於培育肩負社區總體營造重任的團隊，藉以打破三種居民之間的屏障。

建立團隊與研擬計畫

為了讓當地居民參與研擬計畫，我們最先著手的依舊是聆聽居民的心聲。因為我們想要了解島上住了什麼樣的人、心裡有什麼想法。同時也希望結識這群人之後，邀請他們參加綜合計畫籌備研討會。

我們從三類居民中找了六十五位人士，請他們反映心中的想法，包括上班族、從事自治會工作的人、以居民身分參與活動的人。當然，受訪者中移居者、返鄉者以及當地久居者的人數大致相同。

另外我們同時在町公所也舉辦了研討會。因為要循不同以往的途徑研擬綜合計畫，實在需要町公所職員大力協助。這場研討會將近有一百名町公所的職員出席，使我們得以蒐集到各方對於這個專案的意見。

綜合計畫籌備研討會約有五十位居民參加。經過我們調查詢問後，將參加者感興趣的議題分成「人」、「生活」、「環境」、「產業」四大類。寫出來很簡單，但是要把意見分進四個主題卻是工程浩大。首先把每個人的意見整理出四個關鍵字，再運用「KJ法」（譯註：又名A型圖解法、親和圖法，是日本人類學家川喜田二郎於一九六五年所發明。「KJ」是他英文姓名拼音「Kawakita Jiro」縮寫。這是一種將不

全體將近100名職員均出席町公所的研討會。

同性質的資料及情報歸納整理的統合技法，可將資料組織化，並從已細分的情報產生新的想法加以分類的思考法）從話語中導出共通的主題，接著考量提出意見者的性別及年齡、居住狀況、屬於移居者或返鄉者等要素，反覆整理出最重要的關鍵。感覺就像解一道複雜的謎題。當最後歸納出來的關鍵字足以形成各方均衡的團隊時，我們再交由居民自行分組。正好每一組都是十三人，這絕不是巧合。

每一個團隊都有年輕人及年長者，既有女性也有男性，當然也有移居者和當地久居者，且人數也都相同。這表示四個團隊皆處在同一個起點。我們讓四個隊伍舉行「破冰遊戲」和「建立團

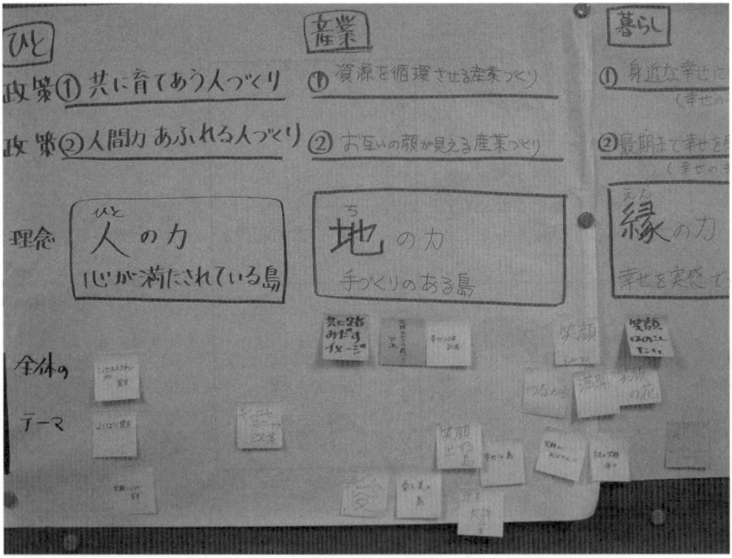

居民感興趣的內容分成「人」、「生活」、「環境」、「產業」四大類。

隊」等遊戲，選出各隊隊長後，再以「支援前線」遊戲劃分每隊的任務。由於每個人都是依照自己感興趣的主題分組，想要表達的意見自然多不勝數。這時候便需要幾項技巧將團隊裡的種種意見整合起來，進而歸納出具體的計畫。為了讓每個隊伍自行展開研討會，我們也不厭其煩地教他們引導學（Facilitation）的相關知識，例如腦力激盪法與KJ法這類會議技巧，以及「世界咖啡館」（World café，一種會議運作方式。把會議桌當成咖啡館裡人數少的小桌子，並在上方放置各個主題，每個人可輪流至每張桌子輕鬆討論不同主題）等開放空間會議（Open Space Technology）模式。前三次研討會都是由我們主導，之後便由各組獨自進行，甚至召

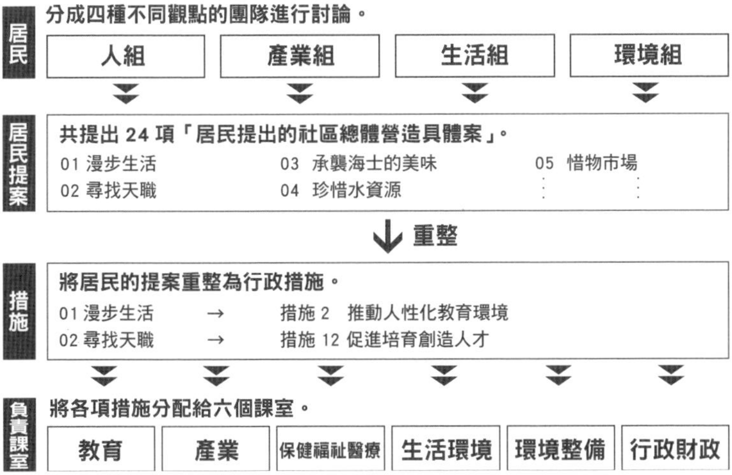

海士町綜合振興計畫（正文）的架構。

開多次非正式的聚會。由於聚會內容均寫在議事錄上和大家分享，所以各組之間會互相留意彼此的進度，檢討自己的實施方向。因為各組私下展開了好幾次非正式聚會，最後乾脆決定在海士町內的旅館舉辦三天兩夜的集訓。每個人從早上到深夜，甚至用餐或沐浴期間都不停止討論，鉅細靡遺地研究提案的內容。

計畫書的設計

我們將居民嘔心瀝血的提案交給相關的行政各課室負責人，由他們進一步研議，最後以居民提議的政策及公共工作為基礎，擬訂了綜合計畫。綜合計畫的整體架構分為「人」、「生活」、「環境」、「產業」等四大主題。但是這種劃分方式不容易了解是由行政單位的哪一課室負責哪一項工作，因此下一頁便記載了各項工作分配給各課室的情況。如此一來，居民即可明白自己負責的工作應該與哪一課室合作推行。

海事町綜合振興計畫（正文）
《島的幸福論》

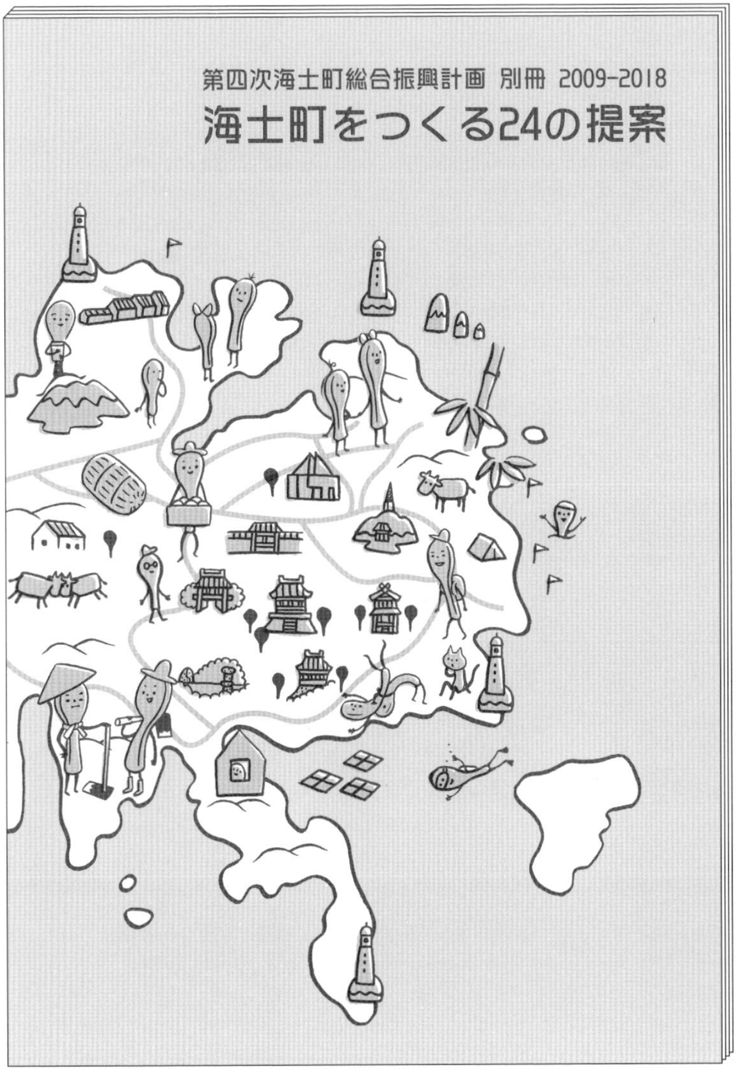

附錄《打造海士町的24項提案》

於是，我們考慮打造一個現代版的「海士人宿」。地點是島內不再使用的托兒所等閒置設施。主題是「樂趣」。大家可以利用這閒置空間，用自己的喜好與興趣製造島內互動交流的機會。足球愛好者可以規畫一場足球賽觀戰聚會、擅長手工藝的人可以開設工作坊或手藝教室、廚藝精湛的人可以經營一家每日變換菜色的咖啡館……。不必耗費預算蓋一座新設施，而是營造出一塊空間，讓男女老幼每個人因為某種事物（技能）歡聚在一起，這就是「海士人宿」。

首先，我們需要每個人都能使用的影印機等工具設備。因為有了這樣的場所，便能認識許多同好，增添海士生活的樂趣。「我想做這個」、「我想做那個」，讓我們集思廣益，一起打造「海士人宿」吧！

參考文獻
東町街角廣場（大阪府千里新市鎮）
Common Café（大阪府北區中崎町）

07 將樂趣延伸，相約海士人宿

「海士人宿」是海士町距今約五十年前的年輕人聚會場所。人們在此相遇，高談闊論著海士町的未來。現在有愈來愈多人返鄉移居海士町，不少人彼此雖然見過，卻沒有機會交談。其中一項原因，便是少了一個可以讓人們隨意談天說地、熱絡交流的空間。

參考文獻
《Common Café－營造人際交流的空間(コモンカフェ—人と人とが出会う場のつくりかた)》
山納 洋 著(西日本出版社)

十個人能做的事，首先從建立團隊開始。不必凡事依靠行政單位，先從自己能力所及之事著手。插圖人物的臉孔與實際提案者神似。

此外，幾乎每一項工作的頁面上都有「附錄」的圖示。綜合計畫另有附錄的情形並不多見，海士町則是將居民提案的專案整理成附錄，並標示出其中的內容與記載於正文某頁的工作有何關連。根據附錄記載所示，居民提出來的專案共二十四種。每一項專案都附上提案者的飯匙卡通肖像（海士町有一種手拿飯匙跳舞的民謠「キンニャモニャ」）。有的人因為和朋友分享自己的飯匙卡通肖像，結果朋友也加入了團隊；有的人也因此被激起了動力，「上面有我自己的臉，所以不努力實行專案不行啊！」

各組提議的專案分別以人數多寡整理。一個人能做的事，明天即可開始動手。十個人能做的事，首先從建立團隊開始。一百個人能做的事或一千個人能做的事，便需要與行政單位合作進行。不必凡事依靠行政單位，先從自己能力所及之事著手；實在無能為力時，再與行政單位配合。我們希望在書冊設計上呈現這項概念，因此依照人數編列目錄。

將居民的臉孔繪成卡通肖像，儘管不像刊登照片那樣明顯知道是誰，但是對當事者而言仍是具有約束力，忍不住會心想：「要是不努力推動專案就糟糕了。」設計這部計畫書時，由於有些居民有參與研討會、有些則無，所以我們必須從中取得平衡，讓這部書冊對所有居民發揮作用。該如何設計才能讓沒有參與研討會的人好奇地翻閱呢？哪一種設計能讓人翻閱之後想要參加活動呢？或者哪一種設計能讓參加過研討會的人想要努力推動專案活動呢？我們在設計過程中不斷思考這些事。

行政單位與居民總動員

綜合計畫必須經過議會研議，不知是否因為議員們均了解這是由居民參與規畫的成果，這項計畫深受議會好評。由於參與制定綜合計畫的居民們是分別從町內十四個村落出席會議，席間便由當地村民輪流說明計畫的內容，同時呼籲議會支持各組想要推行的專案。想當然耳，村民們並沒有對町的政治提出批判、要求及陳情等，而是保證願意為了專案提供各種協助。據說同行的町長與副町長對此都感到相當驚訝。

町公所因此成立新的「地域共育課」，並且依據綜合振興計畫，建立了與居民共同推行各種公共事業的體制。在「兒童議會」上，小學生們甚至熟讀了綜合計畫裡的附錄內容，直接問町長是否能全力支援附錄所提出來的專案呢。

各組的活動於焉展開。「人組」開始實施自己提出來的「海士人宿專案」。重新整修已搬遷的托兒所，打造一個可讓移居者、返鄉者以及當地久居者聚會交流的空間。有位海士町出身、曾在東京和義大利學習廚藝的女性，因此返回島上開了一家義大利餐廳，新店開張前還先在海士人宿舉辦了一日餐廳的活動。當地年輕人即在當天齊聚一堂，聽著樂團演奏的音樂，大啖用在地食材烹調的義大利料理；村裡的老人家們也都前來餐廳共襄盛舉。「產業組」為了整頓島內持續擴增的竹林，推出了將竹子砍下來製成竹炭的「鎮竹林專案」。除了竹炭之外，也開發各種竹製產品，並且隨時向大眾宣傳新的活動內容。「生活組」實行的是「邀請者專案」，透過各種活動邀請高齡人士走出戶外，在二〇一〇年社會福祉協議會也舉辦了「邀請者講座」，許多與當地高齡者有關的民生委員以及膳食宅配服務等社群均踴躍參與。會中指出未來將再陸續增加這類「邀請者」。實施「珍惜水資源專案」的「環境組」，則是延請專家與中學生一起檢查島內的湧泉水質，同時也全面協助舉辦二〇〇九年的「全國名水高峰會」。

最近不時有跨越四組藩籬的新團隊相繼出現。例如以參加過「環境組」的人為主而成立的以物易物社群「惜物市場」，便開始召集沒參與過綜合計畫籌備階段的新成員。至於「人組」推行的「海士人宿」，吸引了愈來愈多年輕夥伴。曾經在此試辦好幾次一日餐廳的返鄉者，也終於在海士町裡正式開了餐廳。

深感社群的力量

正當「人組」展開「海士人宿」活動之際，團隊中有位年輕的女性核心成員發現自己罹患了癌症，幸運的是病情尚在可治療的黃金時期。但是受到抗癌劑等因素的影響，她還是終日鬱鬱寡歡。即便如此，她說：「我在人組還有專案工作要做，身邊也有一起努力的夥伴，所以我經常藉著投入其中調適自己的心境。」

有位在「環境組」調查水質的男性表示，愈是深入調查海士町的環境，愈感受到建構資源循環型的社會的重要性。「特別是團隊裡的移居者，看到他們積極蒐集來的資訊後，我也開始對環境展開各項調查。結果知道得愈多，愈對自己從事的營造業感到疑惑。例如用水泥塊固定海岸地形，這種工程到底是好還是不好？」當時，這位男性的建設公司因為公共工程銳減而倒閉，他看來卻

充滿樂趣的專案與值得信賴的夥伴。

比想像中樂觀。「多虧公司倒閉才讓我下定決心，馬上就和三名夥伴成立了新公司。」他將新公司命名為「Transit」，期待能從不斷破壞環境的社會轉型至永續發展的社會。新公司獲得不少支持者，他則笑說：「儘管經營方面還沒步上軌道，不過我倒是找到了樂在其中的工作。」

完成綜合計畫固然令人雀躍，但是最開心的莫過於催生了四個優質的社群，以及建立了良好的人際網絡。每個團體都樂於推行自己的專案，或許因為如此，自然而然召集了許多人。例如「人組」，目前參與專案活動的人數足足比草創時期多了兩倍。居民欣然完成的專案，將形成公共利益回饋給其他居民，儘管各團隊的活動實際上肩負著「新公共服務」的重責大任，但是參與者必定會因為和一群志同道合的夥伴進行自己感興趣的活動而充滿熱忱。

話雖如此，並不是所有人都能主動參與專案活動，島內十四個村落裡依然有人連出門到鎮上購物都有困難。因此，我們決定從二〇一〇年起運用「村落支援員」與「地域移駕協力隊」制度，建立起村落的日常生活支援機制。首先舉辦培訓講座，學習村落支援工作必備的知識和技術，同時讓受訓者實際前往村落支援，並與其他支援員分享負責村落所面臨的問題，藉此研擬解決方案。

此外，為避免年輕人口流出島外，我們也嘗試反其道而行，想辦法吸引島外的年輕人前

為了維持島內
14個村落的生
計，仍有許多
工作要做。

來海士町，於是透過海報及網頁設計著手宣傳島上高中的魅力。二〇一一年度的申請入學人數因而大增，實在令人欣慰。

除了上述以外，我們也評估了島內福祉設施的工作內容以及產品、通路等情況，並且提高在工廠工作者的薪資。同時也重新檢討企業識別系統（CI），以便提高海士町整體的傳達設計（Communication Design）品質。受到少子化影響，我們最近更開始投入了男女「聯誼活動計畫」。構築人際網絡確實是我們的工作，但是做到這般地步，實在也搞不清楚自己到底是做什麼的。

不過，我倒覺得這樣也不錯呢。

3 孩童激起了大人的熱情

笠岡群島兒童綜合振興計畫——岡山・二〇〇七～

透過初訪了解當地情況

規畫海士町綜合振興計畫時，我們的第一步便是聆聽當地居民的心聲，因為這是最能了解這座島在居民眼中具有哪些優勢及問題的方式。再者，如果能透過聆聽與對方建立良好關係，即可邀請他參加研討會一起解決問題。除了掌握島上優勢及問題之外，也能與當地居民構築信賴關係，因此在實施專案之前，「聆聽」的重要性不容小覷。

於是，當我們要在岡山縣笠岡群島籌備綜合振興計畫時，首要之務便是聆聽當地居民的心聲。笠岡群島是由七座有人島所組成，因此我們走訪了七座島進行拜訪。實地探訪後發現，距離本土較近的笠岡群島居民對於未來的危機意識並不像其他離島上的居民那麼高。儘管他們對於群島的將來懷抱種種不安，但是有不少人反映，因為工作忙碌的關係，實在無暇參與社區總體營造的活動。除此之外，島內的居民又分成願意協助與不願協助這兩類。

然而，除了島上的人口仍持續減少外，兒童人數也逐年下降。如今七座島上的中、小學生加起來才六十人而已。有的島，小學六個年級加起來只有四名學生；有的島，國中三個年級加起來僅有兩名學生。可想而知，將來島上的人口一定會銳減。即便如此，大人們卻不為所動。雖然還是有具有危機意識的人，但他們也明顯分為願意協助與

笠岡群島的位置

笠岡群島由高島、白石島、北木島、大飛島、小飛島、真鍋島、六島組成。

面積　：約15.36km2
人口　：2429人
戶數　：1372戶
高齡化比率：56.5%

不願協助這兩種。甚至也有的人不想和鄰島居民一起合作。因此，許多人並不認為七個島的居民可以攜手推動專案。

我們真的要和這些大人們一起研擬綜合振興計畫嗎？就算完成了計畫書，他們會積極與行政單位合作，推行自己提出來的事業活動嗎？有的人因為太忙沒有時間參加研討會；有的人說什麼也不肯提供協助；有的人則是因為代代相爭，而與鄰島結下世仇。探訪的結果，聽到的盡是不看好居民參與計畫籌備工作。所以我們必須採用不同於海士町的做法。

與孩子們一起規畫

既然大人們只會說出一大堆「辦不到的

我們決定與孩子們一起研擬計畫。圖為西上小姐與孩子們在研討會中的情景。

理由」，這次不如和孩子們一起規畫吧。我們的構想是研擬一份振興離島的十年計畫，讓孩子想像十年後的島，將孩子認為今後應該採取的措施記錄下來。也就是以孩子的觀點研擬計畫，再讓大人們依照計畫實行。

由於島上沒有高中，大部分孩子為了升學，國中畢業後就得離開島上。於是，高中三年、大學四年、再加上就業三年，長達十年的歲月都在島外度過。他們會趁中元節和新年回到島上，孩子們便能在這十年期間確認大人們有沒有認真執行自己提出來的事業計畫。如果大人們對於自己的提案意興闌珊，一點也不想付諸實行，孩子們是不是可以團結一致大喊：「我們不回島上了！」如果沒有一個孩子願意回來，島上的人口總有

笠岡兒童建島會議

一天一定會趨零。這樣一來，大人們也會慌張了吧？或許會因此認真思考島上的未來、進而展開行動吧？

事不宜遲，我們立即從七座島上召集了十三位小學五年級以上的孩子舉辦研討會。想當然耳，孩子們之間並不會說：「我不想和鄰島的人合作」，也不會排擠其他人。我們與孩子們舉辦了四次研討會，席間透過幾項遊戲凝聚大家的向心力，同時教導孩子思考島上的未來具有何種意義。除此之外，也讓大家互相列舉島上的優勢及面臨的問題，並且安排田野調查活動加深孩子們對島上的認識，讓他們拍下自己喜歡的場所，彼此分享對這座島在十年後的理想願景。我們也請孩子們訪問島上的大人，將他們的意見蒐集起來，並與孩子們一起研究全國的社區總體營造實例，當作自己提案時的參考。

第1回
討論島上的「魅力」及「煩惱」

第2回
討論島上十年後的未來

第3回
參考其他地區的實例，研擬符合笠岡情況的構想

第4回
將構想具體化
↓一島一個，共計六項提案
①垃圾變黃金→飛島
②社團M→真鍋島
③學校的各種用途→北木島
④兒童夏令營→白石島
⑤六島限定旅行團→六島
⑥一無所有旅行團→高島

第5回
向大人們提出構想

經過五次會議，整理出給大人們的提案。

笠岡群島兒童離島振興計畫

孩子們整理出來的提案十分多元，有利用公民會館銷售特產品的社區商店、以資源回收為主的「ECO-MONEY」體制（譯註：「ECO-MONEY」包含「ECONOMIC（經濟）」、「ECOLOGY（環境）」、「COMMUNITY（共同體）」等意義，並以全新的造字「ECOMUNITY」表現，簡稱為「ECO-MONEY」，意指經濟社會構造中流通的貨幣。現在日本各地有許多義工團體或商家在推動「ECO-MONEY」互助體制，並使用獨自的地方貨幣各取所需、互助合作）、重新利用已廢校的母校等等。每一個構想都是孩子們經由島內的田野調查，或與當地居民交流過程中，對於島上生活及未來發展所提出來的願景。我們將這些構思轉成行政用語，與孩子們不斷修正內容，最後擬出了《兒童笠岡群島振興計畫》。這項計畫成了笠岡市制定離島振興計畫的依據，確立了它在行政上的地位。

計畫書的副標題為「寫給十年後的笠岡群島」。第一頁開

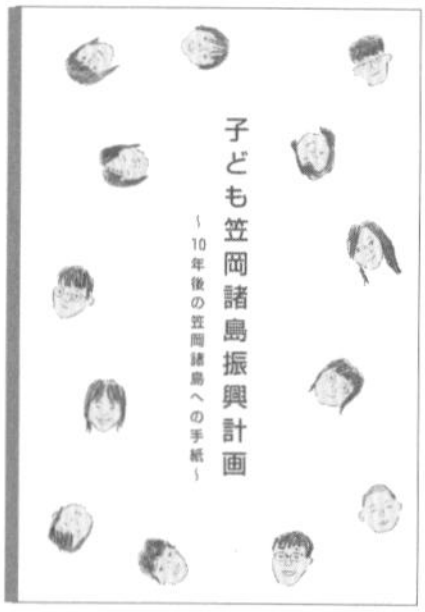

《兒童笠岡群島振興計畫》

敬啟者
給十年後生活在笠岡群島的你

十年後，魚群是否依然悠游？

十年後，遊客是否仍來觀光？

十年後，慶典及舞蹈是否延續？

十年後，老人家是否笑得燦爛？

十年後，夜晚是否依舊靜謐？

十年後，我們的母校還在嗎？

十年後，我們思考著如何在這段期間，
讓笠岡群島變得更有趣、更美好。

十年後，希望我們願意回到笠岡群島。

孩子們寫給十年後的大人們的一封信。（摘自《兒童笠岡群島振興計畫》）

頭即寫著這樣一段話：「敬啟者：給十年後生活在笠岡群島的你。」

這篇文章是根據孩子們的話語寫成的，後面便是孩子們眼中的笠岡群島各項優勢及問題所在。由他們提出來的「讓笠岡群島變好玩的六個構想」，換成行政用語就是「兒童針對笠岡綜合振興計畫之提案」。我們在書裡點綴了許多參與計畫的孩子們的卡通肖像，最後再加上帶領研討會的國中三年級女學生的一篇感言。於此同時，我們也決定在研討會結束後的發表會上，將這本計畫書交給大人們。

未來十年與再下一個十年

來自七座島的七十多位居民出席了發表會。孩子們以舞台劇形式發表提案內容後，隨即將計畫書交給大人們，強烈表示：「如果不幫我們實行這項計畫，我們真的再也不回來島上了！」這算是對現場大人們的「良性威脅」吧。想

孩子們以舞台劇形式發表「讓笠岡群島變好玩的六個構想」，並將計畫書交給大人們。

來自七座島的70多位大人出席了發表會。

當然耳，大人們一下子動員起來，目前已舉辦了「廢校活用研討會」與「公民會館活用研討會」。

如果大人們沒有認真實行計畫，難道孩子們真的就此不回島上了嗎？我倒不這麼想。孩子們經過四次研討會，再次體認了自己的島有多麼美好，並從大人的話語中發現幾項阻礙群島未來發展的問題。相對的，也加深了我對孩子們的期待。當這群孩子離開群島遠赴外地念高中，就此展開島外生活，十年後再回到島上時，即可成為下一個十年計畫的推手。有位就讀國中的參加者說道：「如果大人們在這十年間沒有認真執行我們的提案，我們就會接過來實行下一個十年計畫。」

為了這群熱愛島嶼的孩子，衷心期盼島上的大人們能確實完成自己的職責，我也願意盡最大努力幫助他們。

Part

4

情況還有好轉的餘地

1 水庫建設與社區設計

余野川水庫專案——大阪・二〇〇七～二〇〇九

居民的怒火

怒不可遏的當地居民中，有人開始破口大罵。這些居民發怒的對象是國土交通省豬名川綜合開發事務所所長等一干職員，過去余野川水庫的興建工程即是由這些人主導。但是淀川流域委員會在幾個星期前做出結論，認為「余野川水庫目前不宜興建」，國土交通省即採納了這項意見，決定暫緩興建水庫。在這個年代，「暫緩」實際上與「中止」沒兩樣。至於暫緩興建的理由，則是因為不管從防洪或蓄水的角度來看，未來對於這座水庫的需求並不如預期。這種說法也算是合理。

余野川流域

但是當地居民不甘心就此作罷。因為水庫的預定地就在農田、耕地、栗子林及里山的所在地。當初就是為了建造水庫，居民才把這些土地轉讓給國家。除了徵收土地之外，水庫引水用的導水隧道已幾近完工，水庫的堤體也都蓋得相當高，只剩下引水步驟而已。但是工程卻在這時候突然喊卡。居民說什麼也無法接受。早知如此，當初又何必放棄耕作的田地與管理多年的里山？

讓居民忿忿不平的原因還有一個。由於興建水庫勢必對當地造成衝擊，因此早在十多年前，政府即承諾會為當地規畫二十六項振興地區發展的硬體整建事業，包括拓寬道路、在當地的河川架設橋樑、整修自治會館以及在國道沿途建造休息站等等。但這些陸續興建或即將完工的建設，全都因為水庫工程暫緩而被迫中止，仍有十幾項工程尚未完成。不但休息站還沒完工，就連兩座自治會館的改建工程也只完成一半，結果一個已經煥然一新，另一個依然老舊不堪。當地居民強調，水庫暫緩興建是國土交通省的問題，政府應該完成當初所有的承諾。

國土交通省對於居民的要求感到相當為難。再加上開發事務所僅是辦事處，也無法給予明確的答覆。一旦水庫停建，他們便不會將金錢投入水庫建設上，更遑論興建水庫時附帶的各項設施。儘管當初承諾了當地居民，但是如今已陷入不得不中斷所有建設事業的窘境。不論他們再怎麼解釋事情原委，還是無法平息居民的怒火。居民組成了「休息站部會」、「橋樑部會」、「自治會館部會」等團體，各部會長在集會上一再向國土交通省負責人施壓，要求必須繼續完成未竟的工程。當地營造業者想必也希望工程能持續吧。因為水庫及周邊工程戛然而止，勢必讓許多人「期望落空」。

眾人意見紛歧，場面陷入一片混亂。一邊是大聲疾呼繼續施工的居民，一邊是努力解釋為何暫緩工程的國土交通省。負責人環視會場，低聲對我說道：「山崎先生，能不能想辦法改變這個局面？」

貿然進行假設

雙方意見始終處於平行線，絲毫不見讓步。以目前的情況來看，根本沒有對話的空間，必須採取其他方式才行。我認真翻閱會議的紀錄，仔細聆聽雙方爭執不下的對話內容，心中突然有個想法，「堅決反對停建的人，會不會心裡也覺得興建水庫已經不合時宜了？」這些人當中，究竟有多少人真的認為自己的家鄉會因為水庫落成而受惠？就算個人覺得水庫停建是時勢所趨，但是礙於部會長的身分，也只得繼續譴責國土交通省？如果是這樣，那該有多無奈。在集會中怒罵官員的人，回到家後，妻子也許會對他說：「水庫已經不符合時代需求了，責備官員也無濟於事，不是嗎？」自己或許也回答道：「我知道啊，但這是我的職責，我也沒辦法啊。」當我們試著提出這種幾近妄想的假設時，發現了必須打好關係的對象——地方上的婆婆媽媽們。若是能和她們套好交情，懷著真心誠意探索當地的魅力所在，是否可以藉此讓她們思考是否真的需要興建水庫、拓寬道路以及改建橋樑？最後是不是能夠轉換風向，讓當地男性們改觀：「沒有水庫好像也無所謂嘛？」以上便是我們的初步構想。

組成學生團隊

想要與當地婆婆媽媽們打成一片，非常需要專家從中牽線。其中最好的人選就

地方上的婆婆媽媽們。

肩負「鄉里探訪」專案任務的學生團隊。

是學生。如前面所提到的，我們當初便是讓學生深入當地，與阿姨們打成一片，才能在兵庫縣家島地區順利推動社區總體營造的。如今「島境探訪」活動已是第三年舉辦，每年都有全國各地的學生來島上進行田野調查，並且在過程中與當地人們搭起友誼的橋樑。我們決定採用這種方式，讓學生們組成團隊，在水庫周邊區域進行田野調查，與當地居民建立良好的人際關係。就這樣，繼「島境探訪」之後，我們實施了「鄉里探訪」專案活動。

不過，這次的任務相當艱鉅。不僅有許多不能碰觸的禁忌，也必須在短期間內與當地的婆婆媽媽們建立友誼。於是，我從參加「studio-L」活動的學生中，挑選十一位溝通能力出類拔萃者，人數方面雖然不是刻意和足球隊一樣，但這次的專案確實像一場團體戰。我向來自各所大學的學生們敘述這次水庫工程的來龍去脈，並交代此次的任務。除了透過田野調查盡量發掘當地資源之外，也要積極找到當地的人脈資源（也就是婆婆媽媽們），建立起友好關係。多製造機會與當地婆婆媽媽們打成一片，藉此認識她們的朋友，以這種方式擴展婆婆媽媽們的人際網絡，與她們互相分享當地的美好之處以及探討地方的未來，讓她們在這段過程思考興建水庫及周邊設施的必要性。接著再邀請婆婆媽媽們的丈夫參與，最終目標則是希望與地方上的所有人和睦相處。

面對地方上的問題，學生們的態度頓時與在大學校園時判若兩人，神情顯得十分認真嚴肅。因為他們立即明白自己參與的專案何等重要。這十一個人不斷召開會議研擬作戰計畫，確認每個人在團隊之中的角色任務。例如該如何向居民傳達有效利用水庫舊址的方法？如何讓他們理解生物多樣性的價值？如何向他們解釋活絡地方的目的不在於賺錢？此外，由誰負責理性溝通？誰擅長繪製可愛插圖？甚至遇到看似凶神惡煞的人時，適合安排哪一個人先哭出來？

學生團隊獲得滿堂彩

學生們初次到現場田野調查的那一天，心裡肯定忐忑不安，臉上的笑容卻是無比燦爛。他們走訪各地，開朗地和遇見的每個人打招呼。一發現活動中心或非營利組織等場所，隨即請對方聽聽自己的訴求；看到當地正在從事農作的人，也會請對方分一些作物給自己。學生們受到當地居民熱情款待，有的招呼學生到自家庭院裡喝咖啡、吃點心；有的拿出柿子或自製

學生彙整的《mikiki》（譯註：所見所聞之意。取自日語「見聞き」的英語拼音）封面。

Q
標語

走訪大街小巷，隨處可見各種標語融入里山景觀中。這也許是來自止止呂美（譯註：止々呂美，大阪府箕面市北部的地名）發的訊息吧。

「挖芋頭」。不用說也知道是在「挖芋頭」

「安全第一」倒過來是……

隔壁的「烤肉區」（譯註：動畫《龍貓》的日語片名是「となりのトトロ」，直譯為「隔壁的龍貓」）

當作路石的石碑

眨著無辜大眼的青蛙令人忍不住回頭多看一眼

詭異的「秘密桃子」看板

也許有人會中獎……
（譯註：沙包上的數字像一組明牌）

Q

建築物

在止止呂美見到的許多建築物。雖然名不見經傳，卻展現了止止呂美的生活之美。

殘留山中的堅毅鐵水車

刻劃著歲月痕跡的佛堂

舒適的林蔭建築

與景緻融為一體的小屋

具有排煙效果的雙重屋頂

彷彿有生命的炭窯

雖然不是建築物……

學生將發現到的地方資源彙整成《mikiki》一書。

果醬給學生當伴手禮。學生們除了和居民分享自己發現的地方魅力，也向當地人請教更有趣的場所，立即動身探訪。學生們住在當地旅館，馬不停蹄地進行田野調查，因此結交了不少朋友。

結束田野調查的學生們，將拍攝的照片及見聞彙編成《mikiki：我們在地方上的所見所聞》一書，並將當地的魅力整理繪成地圖。接著發送分享會的邀請函給當地結交的友人，「我們要向各位報告自己眼中的地方魅力，請務必和朋友一起來會場。」

分享會上除了當地的婆婆媽媽們之外，她們的小孩及丈夫也都前來共襄盛舉。其中也包括好幾位團體的部會長。學生們把熬夜製作的書冊與地圖發給每個人，發表自己在當地田野調查時的感想及有趣的事物。出席報告會的當地人由於置身村落內部，往往對這裡的魅力渾然不覺，這次透過外地學生的整理以及淺顯易懂的說明，或可讓他們對當地的潛力有所改觀。當

婆婆媽媽們以及她們的丈夫、孩子全都出席了報告會。

學生們結束報告，現場的大人們隨即響起如雷掌聲，幾位學生也因為卸下緊繃的情緒而哭了出來。

運用社區設計調解紛爭

學生們因為這場分享會與當地居民相處得更加融洽，後來也繼續造訪當地。新年時，居民會邀請學生：「我們會擣年糕，一定要來玩喔！」春暖花開時節也會招呼他們前來賞花。就在學生團隊開始能與當地居民認真探討地方未來發展的時候，過去不曾出現的新勢力也來參一腳，那就是大阪府。

大阪府當初預期余野川水庫會完工，因此著手興建了新市鎮「水與綠健康都市」。原本希望在水庫完工之日宣布啟用新市鎮，但是因為水庫停建的關係，「水與綠」的訴求只剩下「綠」而已。大阪府只好緊急更改新市鎮的名稱，以「箕面森町」之名啟用新市鎮。為了不讓新市鎮遭到孤立，大阪府也嘗試加強周邊與新市鎮的交流，但是周邊居民仍對水庫停建一事氣憤難消，大阪府或許因此認為介入國土交通省與居民之間乃是不智之舉。儘管國土交通省多次呼籲大阪府出面，他們始終沒有在場面混亂的會議上現身。

由於我們與當地居民的感情愈來愈好，大阪府隨即與我們聯繫。他們對於水庫停建也感到十分困擾。如今新居民已在新市鎮展開了新生活，大阪府也期望能與長年以來生活在周邊的人們合作，讓彼此透過互助達到雙贏局面。因此，大阪府希望和周邊居民交情不錯的「studio:L」，能在新居民與舊居民之間擔任溝通的橋樑。

當時，國土交通省委託我們研究水庫預定地的活用方法，我們便與工程顧問合作研擬預定地的經營管理計畫，並向大阪府及國土交通省提案。我們的構想是在水庫預定地建造市民農園與休閒設施，為搬到新市鎮的新住民提供可當作自家庭園使用的場所，並請原來的居民擔任施行農作的講師。因為這塊土地本來就是自己的田地，舊居民自然對當地特性瞭若指掌。如果能教導從都市移居過來的新居民從事農作，他們也可以從此獲得些許收入，更重要的是能藉此讓新舊居民互相了解彼此。水庫預定地或許永遠都會維持現狀吧？既不是公園，也不再是農地。正因如此，這裡才具備公園及農地所沒有的潛力。將農地以低廉價格租給新居民，再從部分租金籌出講師費，製造

新舊居民互相交流。

新舊居民交流的機會。除此之外，也可以將柴爐引進新市鎮，如此一來，即可從預定地的里山蒐集木柴當作燃料。

隨後，我們與當地新成立的NPO法人團體「止止呂美森林俱樂部」共同合作，在水庫預定地實施農地再生、砍伐里山樹木製成木炭等實驗。我們在水庫預定地舉辦活動，邀請新市鎮的新居民參與，同時也請舊居民分享從事農作的相關知識，建立新舊居民及非營利組織團體的合作體制。

重修舊好

由於國土交通省、當地居民、大阪府以及基層地方自治組織箕面市、非營利組織之間的關係獲得改善，我們終於能請所有相關團體共同參與研討會。過去意見及立場各不相同的組織團體，如今已能齊聚一堂召開三次研討會，商議如何透過互助合作提高地方價值的方法。在研討會擔任引導人的我，最感動的莫過於看到各個團體踴躍提出自己能力所及之事。

當雙方意見南轅北轍、互不相讓時，旁人也難以介入兩者之間搭起溝通橋樑。有時候甚至不能採取正面突破的方式。這時，必須另覓途徑，逐漸化解彼此的心防，藉此緩解雙方劍拔弩張的態勢。以余野川水庫周邊區域為例，我們暫且將水庫工程的爭議問題放在一邊，讓

重修舊好的人們。

學生及當地婆婆媽媽們構築出新的社群，再由此將新的見解慢慢擴散。到最後，不但能與當初堅持續建水庫的人們拉近距離，也能和國土交通省及大阪府建立溝通的管道。

學生們在這段過程中表現得十分出色。他們擁有自己渾然不覺的強大力量，也就是能維持中立態度的寶貴力量。這群與水庫工程毫無利害關係、能夠站在中立角度誠實說出優點的學生們，最容易和地方上的人們建立信賴關係。或許是這份秉持中立的赤子之心，喚醒了當地人們應該珍惜某些事物的心情吧。

為了構築人際關係，我們的方式可能有些大費周章，但是遇到不容易和對方建立交情的情況時，確實需要一些時間迂迴進行。有時候便因為聆聽了當事者以外的意見，並以客觀角度冷靜判斷，因而找到了前往下一階段的方向。

當時極力堅持續建水庫工程的居民們，到底是不是也在心裡偷偷認為：「水庫已經過時了？」這件事直到今天我們還是不清楚。

2 高樓住宅的建設與社區設計

艱鉅的研討會

有一天，我受託前往某間大樓建設公司的會議室，商量研討會相關事宜。內容大致如下：對方想在某塊建地興建高樓住宅，並打算規畫出廣闊的開放空間，讓大樓居民及周邊居民共享綠意盎然的庭園。但是他們不希望只由專家設計，而是想透過研討會的方式將附近居民的意見納入設計。對方想請我協助舉辦庭園設計研討會，可是有人反對這次的高樓住宅建案。負責人表示：「在這種情況下，很難舉辦研討會吧？」

以興建新的高樓住宅來說，要舉辦討論設計方向的研討會的確不容易，主要是因為還無法得知將來會住進這裡的是哪些人。就算召開研討會，能做的也只有聽取附近原有居民的意見當作設計的參考。然而，這回的情況不同，有些人反對在住家附近興建大樓。即便也有不反對的人，但只要附近居民有人持反對立場，贊成者便不可能欣然參與大樓建設公司主辦的研討會。要舉行這場研討會確實頗有難度。

與反對派會面

對於這項委託，我的心情也十分複雜。就程序而言，大樓建設公司是按照規定進行建設工程，並不是一意孤行。至於持反對意見的居民，我也能了解他們的心情，竟然要在視野如此良好的地方興建高層大樓，實在令人難以接受。其中一定有人買了可遠眺美景的土地，如今卻要在那裡蓋一棟銅牆鐵壁般的大樓，可想而知，說什麼也無法沉住氣吧。不過，並不是所有附近居民都反對，也有人可以接受。大樓建設公司的態度則相當誠懇，願意與附近居民一面溝通一面修正設計。聽了雙方的意見後，我明白大樓建設公司及居民各自有理，並沒有孰對孰錯的問題。只是當雙方相遇，便形成了這般窘境。

我大可以拒絕大樓建設公司的請託。如果我拒絕，大樓的工程依然會按照正常程序進行。但是既然要施工，最理想的自然是在附近居民及大樓建設公司，彼此都能接受的條件下展開工程。畢竟未來入住新大樓的居民們，也不想被當作不速之客而遭到排擠吧。若是我的參與能讓情況有轉圜的餘地，就算被附近居民責罵，也應該製造機會讓雙方充分溝通才行。

在研討會的說明會上，聚滿了反對興建以及不排斥大樓工程等各種不同立場的人們，場內當然議論紛紛。我向大家如實表達了自己的想法：「就算各位反對，大樓依然會興建。反正都要施工，至少應該在大家覺得有利的條件下進行。大家提出來的條件如果能提升大樓的附加價值，也能為建設公司帶來正面的效果。而我主持這項會議的目的，便是希望大家能針對這一點充分討論。」

當我說明了這一點，並仔細聆聽人們的意見後，慢慢整理出了幾項值得討論的主題。由於場內有人不願意興建大樓，因此有關建築物的話題眾人一律持反對意見，包括大樓的顏色、外觀、高度等。但是對於共用的庭園（開放空間）倒是沒有太大反彈。所以我心想，如果是討論共用庭園應該設計成什麼樣場所的研討會，雙方或許可以溝通吧？於是，我在現場呼籲大家：「我們接下來不如就『可以提升大家生活品質的共用庭園設計』進行討論吧？如果能完成一座對地方有益的庭園，不但能增加這棟大樓的附加價值，對於將來入住的新居民也有好處。」

數日後，我收到了回覆。附近居民在「反對興建大樓的立場維持不變」的條件下，同意參加研討會。

舉辦「共用庭園設計研討會」

我們後來以附近大樓的居民為對象，舉辦了三次有關共用庭園的研討會。第一次是找出周邊地區的特點及問題。特點是綠意盎然、溪流交錯、設施完善。需要解決的問題則有：通過車流量大、供高齡者休閒的場所太少，以及「要興建高層大樓住宅」這項最大的問題。接著，我讓大家進一步討論共用庭園建地應該設計成什麼樣子，才能運用當地特點改善問題。討論的結果，居民們希望能打造出擁有豐富綠意、連綿溪流，同時也能提供兒童及高齡者休閒娛樂的場所。

和居民一起參與的研討會，也必須與設計師構思的過程一樣按部就班。因此在設計過程中，我們首先得要整理出周邊地區的特點及問題，再依此決定建地的設計方向。若是能像這樣循序漸進，居民的意見便不會太過異想天開。

第二次研討會，我們討論的是這座共用庭園該如何利用。我準備了一張共用庭園的藍圖，讓大家集思廣益，想想要在哪裡和誰做什麼。此外，也讓大家標註這些行為是發生在哪個季節、哪個時間點。最後列舉出了散步或慢跑、賞花、園藝活動、讀書、和孩子玩遊戲、高齡者健康養生等活動。

召開有關空間設計的研討會時，最好不要詢問：「哪一種空間比較好？」、「有什麼需求？」因為大家提出的通常是常見的空間印象，缺乏通用性，很快就會落伍過時。空間設計還是交給專家負責。這時候的重點在於，探詢居民期望在這塊空間進行的活動及計畫，當作專家設計的重要依據，讓專家能依此設計出美輪美奐的空間。所以我們最後將第二次研討會歸納出來的意見，交給景觀設計師。

第三次研討會由設計師發表共用庭園的設計。在發表之前，我先整理了第一次及第二次討論的意見，讓大家回想一下這段討論過程。接下來便讓眾人一面對照自己提出來的活動項目與計畫流程表，一面聆聽設計師對於共用庭園的設計構想。當居民們看到設計師確實按照他們的要求，設計出融合周遭自然環境、並有潺潺溪流穿過的林蔭空間，同時設置了廣場與市民農園時，都對如此理想的庭園感到雀躍。

空間設計與社區設計

空間的設計十分重要。如果已經努力在研討會上整理眾人的意見，並且製造機會讓大樓建設公司與附近居民溝通交流，但是設計師提案的空間設計卻空洞乏味，就會使參加者感到失望洩氣，認為「大樓建設公司根本不把我們當一回事」。有些人甚至因此感覺遭到背叛。不過，這次的設計師發表了相當優秀的設計案。不但囊括了人們期望的活動項目及計畫，整體的景觀也營造得非常美麗。

場內有位住在附近大樓低樓層的住戶舉手發言。當初就是他主張保留共用庭園南側的常綠喬木，藉此遮住礙眼的高層大樓。他當時甚至提議在喬木下方築起圍牆，不要與新大樓相通。但現在他這麼說道：「如果有這麼好的庭園，我們也會多多利用，還可以在這裡辦活動。所以，最好在南側圍牆設幾道出入口。」贊成的居民無不拍手叫好。對此，大樓建設公司立即回應：「我們會考慮編列一筆經費，與附近居民一起舉辦活動。」

目前大樓正在施工中。大樓負責人前幾天與我聯繫，我隨即向他詢問後續發展。他說，附近居民當中仍然有人依舊反對興建大樓，但是態度已經改變相當多。雙方已經可以坐下來好好溝通，表達自己的意見，同時也願意聆聽建設公司的談話。這是多麼令人開心的消息。負責人也說，他們會與設計師協商，盡量讓研討會討論的結果呈現在共用庭園的設計上。當我對負責人說：「我們非常期待完工後的共用庭園，成為新居民與附近居民一起享用的美麗空間。」負責人即這麼回答：「我們會努力的。」

但願將來入住大樓的新住戶，可以感受到附近居民的溫暖及友善。

Part

5

在這無法以物質或金錢彰顯價值的時代，我們該追求的是什麼？

1 由使用者自行打造公園

泉佐野丘陵綠地｜大阪・二〇〇七

透過「使用」打造公園

建造這座公園之前，我們有幸參與研擬營運計畫，也就是制定這座公園的營運計畫、決定市民參與的方式，最後再依此進行設計。按照這樣的程序，即可改變「使用方式」與「建造方式」的關係。舉例來說，我們或許可以打造出一座「邊用邊做的公園」，也就是先將公園入口附近的設施整備完善，再由當地居民親手打造公園內部。

能夠參與訂定營運計畫的人是由提出企畫案的單位來決定的。我們隨即報了名，提出市民參與型的經營管理以及「邊用邊做的公園」這兩種方案。終於，相關單位最後決定將泉佐野丘陵綠地的營運計畫交由我們負責。

泉佐野丘陵綠地位於大阪府南方的府營公園，預定落腳於關西國際機場陸地區域的丘陵地帶。這塊地原本是計畫要興建工業區，後來宣告中止，最後決定將這片土地整頓成府營公園。目前這塊公園預定地依舊維持里山的風貌，但是在漫長的計畫研擬過程中，這塊地也因為疏於管理而荒廢不堪。

研擬公園營運計畫之際，本來有考慮從外面召集兵庫縣立有馬富士公園現有的社群前來實施各項活動，但是在此之前，我提議培訓公園自己的社群，並讓他們親手打造公園的一部分。因為就算尋找現有的社群，也很難找到幾個願意親自打造公園的組織團體。既然找不到現有的，那就只能成立新

泉佐野丘陵綠地預定地。

的團體。我們把這個社群稱為「公園巡察員」，成員必須前往荒蕪的公園預定地里山，將自己喜愛的場所整理成容易活動的空間，並在當地舉辦自己想要從事的活動。想辦森林音樂會的人，可以自行規畫出一塊空間；想要組成昆蟲觀察會的人，可透過間伐來培育出生物多樣性高的林地。我們計畫的程序*1是先讓公園巡察員深入公園預定地展開活動，公園入口附近也在同一時間動工，以「通用設計」（universal design）的原則，設計成任何人都能開心使用的空間。當公園的入口部分整頓完畢，身為活動核心的公園巡察員團隊也結束培訓後，各式各樣的活動團體便能像有馬富士公園一樣，在公園周遭舉辦活動了。

大家一起打造公園吧！

由公園催生的新社群

公園巡察員的任務是深入荒蕪的里山，修建園內道路、遊樂設施以及表演空間。因此，必須學習如何將荒廢的里山打造成心目中的里山，也需要適時透過活動建立團隊、凝聚向心力。除此之外，更需要企畫提案的能力，才能在專案立案之後，按部就班籌備、實行並將獲得的心得檢討運用在下次專案上。於是，我們舉辦了公園巡察員培訓講座，務必讓成員擁有這些技能。我們招募的人數是四十名，但報名相當踴躍，最後只好抽籤決定受訓人員。

培訓講座共十一回，首先讓學員們對公園的主題及理念達成共識，並前往現場考察、體驗間伐等工作。接著調查里山、栽種

第1回 對公園的主題及理念達成共識！
第2回 大家一起來探索公園！
第3回 大家一起來保育森林！
第4回 大家一起來調查森林！
第5回 大家一起來栽種花朵！
第6回 大家一起來學習當地景觀、歷史與文化！
第7回 大家一起來宣傳活動！
第8回 大家一起來學習循環型環境！
第9回 大家一起來學習研擬活動計畫！
第10回 大家一起來思考未來的活動！之1
第11回 大家一起來思考未來的活動！之2
公園巡察員培訓講座 結業式

公園巡察員培訓講座（全11回）。

花朵、學習當地的景觀與歷史文化，同時學習美術設計，以便廣為宣傳自己的活動，以及循環型環境的相關知識、專案的企畫立案方法等等。最後讓學員們實際活動，體驗嘗試錯誤中修正計畫的過程，培訓講座至此告一段落。全十一回的講座不允許缺課，萬不得已必須告假時，也一定要在下一次培訓課程結束之前觀看錄影畫面，補足缺席的上課內容。

自行組織的公園巡察員們

我們在二〇〇九年度招募第一期生、二〇一〇年度招募第二期生，各有二十一名、二十七名學員修完課程。結束課程的學員們組成了「公園俱樂部」社群，分配好每個人的任務後，隨即展開活動。由於這個社群需要做的粗活相當多，不但得自行打造公園，還得舉辦活動讓遊客享受公園的樂趣，因此「公園俱樂部」的成員絕大多數是男性。尤其以屆齡退休的退休人員居多，每個人其樂融融地深入里山砍伐林木、修築園內道路。

公園俱樂部每個月會召開一次會議，成員們各自報告活動情況，並且檢討今後的活動內容，以及修正公園俱樂部的會則。目前一個月會在公園內舉辦三次活動，其餘的營運項目則包括整建公園預定地的道路、調查動植物、除草、砍伐竹林及籌備活動等。

在公園預定地展開活動的公園巡察員們。

公園俱樂部的成員結構是以公園巡察員為核心，再從中挑選擅長經營管理的人組成公園管理團隊，負責企畫公園俱樂部全體的活動。另一方面，無法像公園巡察員那樣頻繁參與活動的人，可以以公園後援隊的身分支援巡察員的活動，並且積極參加或幫忙宣傳開辦的活動。沒有完整受過培訓講座的人也可參加公園後援隊這個組織成為團隊的一分子，隨時參與活動。

實現獨立營運

當我們預計在二〇〇七年實施這個計畫時，由於大阪府知事換了人，影響了公園營運計畫立案的預算，導致公園巡察員培訓講座面臨開天窗的窘境。我們只得四處奔走，整理相關文件呈交大阪府的負責人，並尋找願意支援活動的組織團體，務必讓培訓講座得以開課。後來是里索那銀行（りそな銀行）、YANMAR

泉佐野丘陵綠地公園俱樂部

公園俱樂部的組成結構

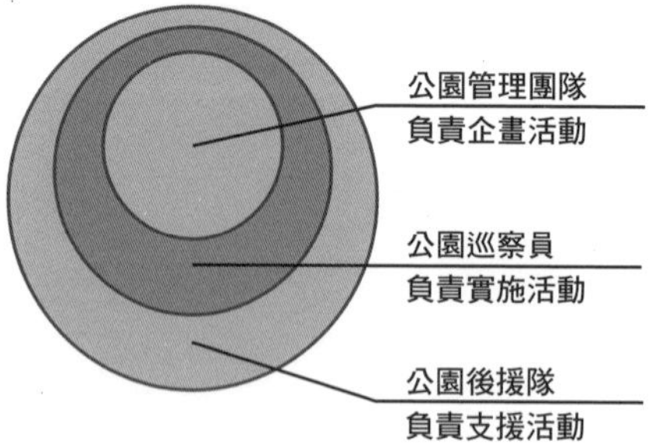

有限公司、大林組等關西地區五十四家企業組成的「大輪會」企業團體基於「企業社會責任」（Corporate Social Responsibility，簡稱CSR），協助我們建造泉佐野丘陵綠地公園。我們因此獲得了兩億日圓的資金，這筆足以支撐十年活動的龐大奧援，使得公園巡察員培訓講座在往後十年能夠順利維持。

公園俱樂部也以隸屬大輪會的企業職員為對象，舉辦了園內的參觀會。除了向職員們解說公園的魅力所在、介紹平時進行的活動之外，也讓他們一起參與建造公園的工作，例如體驗吊掛在水岸邊的吊床以及實際安裝椅子、桌子，還有在預定地內的樹木上設置樹名牌、

企業支援

來自企業團體大輪會的支援

贊成泉佐野丘陵綠地營造計畫的企業團體。
由YANMAR有限公司、里索那銀行、大林組等54家企業組成。

・自平成20（2008）年起，提供10年間總額高達2億日圓的經費

・舉辦公園巡察員培訓講座
・志工活動用的割草機
・挖土機、運輸機械、堆肥式廁所
・倉庫、花朵種苗、育苗溫室等

堆肥式廁所　挖土機　碎枝機　公園巡察員制服

大輪會的企業支援活動。

召集附近居民參觀公園預定地、回答參加者的疑問等等。

充實軟體及整備硬體

如果能改變公共空間在建造以及使用上的關聯性，便能顯現出有別以往的空間整備方式。例如將公園的硬體整備工作僅保留過去的二〇％，其餘的八〇％則用作充實軟體措施，也就是採取「邊用邊做」的方式。不必採用過往花十億日圓打造公園、未來十年再以每年兩千萬日圓管理的既定模式，而是將硬體整備費用降至兩億日圓，往後十年則是以每年三千萬日圓的管理費（包括協調人員〔coordinator〕等人事費用在內）管理公園，更能節省整體的成本。如此一來，即可增加參與公園營運的人數，培育出負責款待遊客的社群。或許將來也有可能出現一支參與公園清掃及維持管理活動的團體，減輕日後的管理費用負擔。

採用這種新式公共空間建造及使用方法時，最重要的便是

與贊助企業的職員一起打造公園。

協調人員的角色。在有馬富士公園的協調人員肩負重要任務，可負責培訓公園巡察員、管理公園俱樂部以及推動建造公園等相關活動。

景觀設計不應該只著重公園本體的設計，如果也能設計規畫一個既可整頓公園又能主導營運的社群，必定能大幅改變以往的公園整備與營運方式吧？依照這種方式規畫出來的社群不僅負責建造公園，當公園完工後，更可扛起公園經營管理的重任。

「行政參與」對於公共事業的重要性

同樣的模式，我們也考慮運用在京都府立木津川右岸運動公園的營運計畫上。這項專案是計畫把砂石採掘場舊址綠化成公園，但行政決策一再延宕，使得這項計畫遲遲無法進行。

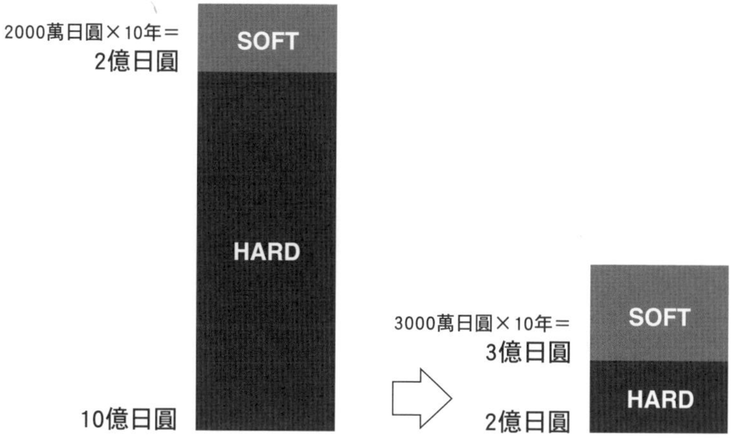

改變過往的公園經費使用方式。

這三十年來，我覺得居民參與公共事業的方式已有長足進展，可是行政方面的態度幾乎毫無改變。因此，在希望居民多參與公共事業之餘，也應該檢討現行的行政參與方式。

但願往後能打破公共事業一律由行政單位主導的觀念，盡量採居民及行政互助合作的模式推動專案。如此一來，若是「行政參與」的革新腳步跟不上「居民參與」的變化，行政單位做出的一連串決策只會對各種專案產生負面影響。繼續維持明治時期（譯註：一八六八年～一九一二年）以來「官方指導民間」的做法，只會讓公共事業的行政效率落後民間一大截。民間參與的專案活動受到行政決策拖累的案例不勝枚舉，到頭來大部分仍是阻礙了行政管理的推行效率。因此，著手革新行政觀念與研發評估系統以支援決策便是當務之急。

*1 我大學時代的恩師增田昇教授從工業區舊址變更為公園的時期即參與這項計畫。我們在研擬公園管理計畫之際，增田教授也針對公園巡察員組織化以及硬體整備、軟體管理之間的關連性提供了寶貴的建議。此外，在開園前所舉辦的營運會議上，增田教授與諸位管理委員也不吝提出各種意見，協助我們實行這項專案。

2 城鎮裡不可或缺的百貨公司

丸屋花園｜鹿兒島・二〇一〇～

將專櫃、社群、客人、城鎮結為一體的百貨公司

二〇一〇年四月，位於鹿兒島市中心的天文館地區新開幕了一所商業設施「丸屋花園（Maruya Gardens）」。這幢地上九層、地下一層共十層的建築物，進駐了服飾、彩妝、雜貨、書籍、餐飲等八十多家店鋪。每一層樓都有一處「花園」開放空間，提供二十多種社群舉辦活動。負責執行的是當地的非營利組織與社團組織。截至目前為止已舉辦了藝術家的作品展、攝影展、座談會、當地生產當地消費的烹飪教室、販售中輟生栽培的蔬菜、陶藝體驗、社區電影院、雜貨製作、介紹戶外遊戲等等，在丸屋花園周邊地區活動的各類社群都能

在這裡舉辦五花八門的活動。

丸屋花園擁有十個集會空間，附近的社群可在裡面舉辦公益性質的活動，也能與專櫃合作產生新的專案。這類活動與廣告公司推出的促銷活動不同，進行活動的社群大多和來店客人原本就認識，也多會在百貨公司裡進行長期活動。這使得這處空間不再是只有「店員」及「客人」兩種立場，而是形成「店員」、「市民團體」、「親朋好友」及「客人」等多種群體交會的地方。

天文館地區與丸屋的歷史

天文館地區位於鹿兒島市中心地段，是商家櫛比鱗次的繁華街區。據說江

2010年4月，鹿兒島市新開幕的丸屋花園百貨公司在每個樓層設置了稱作「花園」的開放空間，供社群舉辦活動。

戶時代島津家曾在此地興建觀星用的天文館（譯註：第二十五代薩摩藩主島津重豪建於一七七三年），因此成了當地名稱的由來。自明治時期起，這地方即成了店鋪林立的市中心；到了大正至昭和時期（譯註：兩個時代自一九一二年至一九八九年），規模已擴增至二十條商店街及百貨公司、飯店、餐飲店。但是情況在二〇〇四年左右開始有了轉變。原因是九州新幹線的終點站「鹿兒島中央站」落成，大型購物中心及飯店隨即進駐周遭地區。再加上郊外型大型購物中心以及網路購物普及，導致造訪天文館地區的遊客逐年減少。

丸屋的歷史即與天文館地區的歷史密不可分。他們是在明治時期（一八九二年）各家店鋪陸續群聚在天文館地區時創立了「丸屋」布莊。一九三六年改名為「丸屋布莊」；一九六一年「丸屋百貨公司」開幕；一九八三年與三越合作，成立「鹿兒島三越」。然而，三越決定在二〇〇九年關閉鹿兒島店，那時第五代丸屋社長玉川惠女士才剛走馬

2009年三越歇業

2010年丸屋花園誕生

與天文館地區的歷史密不可分的丸屋，搖身一變為符合當地需求的百貨公司。

上任。

玉川女士當時有幾個選擇。她可以將十層樓建築全部租給另一家百貨公司，但是就時下趨勢來說，就算有百貨公司退出市場，也幾乎找不到願意租下一整棟建築物開設新百貨公司的業者。另一個選項就是賣掉建築物及土地。如此一來，收購土地的業者肯定會將現有的建築物拆掉重建成摩天大樓。但是玉川女士卻在考量時代背景之後，選擇了最艱辛的一條路。她說道：「丸屋從布莊時期便受到天文館地區所有人們的關照，我不可能讓百貨公司從鹿兒島市中心的天文館地區消失。我希望能讓丸屋百貨公司重生，回饋鄉親父老。」

玉川女士的抉擇

在決定讓丸屋百貨公司重新開幕後，玉川社長隨即找上了建築師團體「蜜柑組（みかんぐみ）」的竹內昌義先生，委託他將三越所使用的建築物改裝設計成新的百貨公司。當時竹內先生向玉川社長介紹了主辦複合品牌時尚店「D&DEPARTMENT PROJECT」的長岡賢明先生（譯註：ナガオカケンメイ，提倡「永續設計」〔Long Life Design〕）。長岡先生與我相識於《LANDSCAPE DESIGN》雜誌的對談訪問，也在後面會提到的「土祭」專案中合作過。由於長岡先生受託擔任新改裝的百貨公司藝術設計總監，我便以社區設計師的身分加入專案團

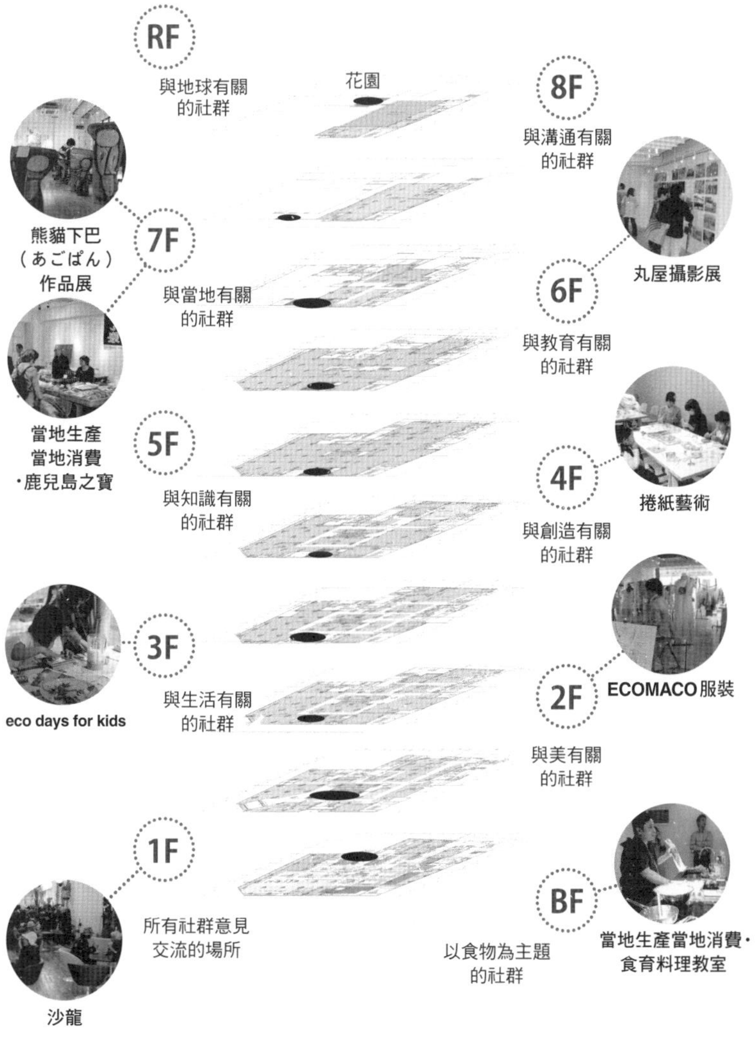

由各樓層主題及專櫃決定花園的性質。當地各式各樣的社群都可充分利用花園的空間。

隊。此時距離開幕還有四個月。於此同時，重新開幕的百貨公司決定命名為「丸屋花園」。

讓百貨公司成為市民能自由活動的場所

以社區設計師身分參與專案之際，我首先提議設置可供當地社群辦活動的場所，不要因為是百貨公司，而擺滿餐飲或銷售物品的專櫃。剛好百貨公司的英文名稱「丸屋花園（Maruya Garden"s"）」是複數型態，所以我建議把這間百貨公司打造成擁有數座「花園」的商業設施，讓社群能夠自由舉辦活動（靈感是源自龍谷大學的阿部大輔先生對我提到的西班牙巴塞隆納舊市區再生計畫實例。曾是人口密集區的巴塞隆納拉瓦爾〔Raval〕地區，因為在當地設置了幾個廣場，從大馬路環遊各個廣場的人潮，成功帶動了整個地區的經濟發展）。

對流行服飾沒興趣的人幾乎不會去逛充斥服飾專櫃的樓層，對生活雜貨沒興趣的人也不太會去逛滿是複合商品店的樓層。但只要心血來潮走一遭，有時還是會在那個樓層裡找到自己想要的物品，或者發現想送給某人的禮物。因此，我們必須製造機會讓人們前往看似與自己無關的樓層。至於機會的製造者，我們相中了在當地舉辦活動的各個社群。例如介紹大型影城不會上映但優質的小眾電影社團、與中輟兒童一起種植蔬菜的自由學校、推薦「戶外遊戲」的戶外運動團體、使用當地採收的蔬菜及魚貝類開辦烹飪教室的非營利組織等。各樓層

親子一起動手做瓦楞紙屋。

設置的花園可供這些社群每天輪流使用，只要遵守一定的規則，也可在此舉辦活動。如此一來，對流行服飾沒興趣的人，即有可能對服飾樓層花園的「快樂環保生活」演講感興趣，進而前往聆聽之餘順便逛逛該樓層。

以往的百貨公司都是依靠努力提升商品及服務的品質，才能將一般客人變成老主顧。但現在情況則不同，不會特地去逛百貨公司的客群占了絕大多數。他們只要在網路上動手點選，就能輕鬆獲得商品與服務。不論多強調商品與服務的魅力，也不可能刺激這類客群走出家門，因為他們只要動動手指即可買到。所以，要吸引他們移駕百貨公司必

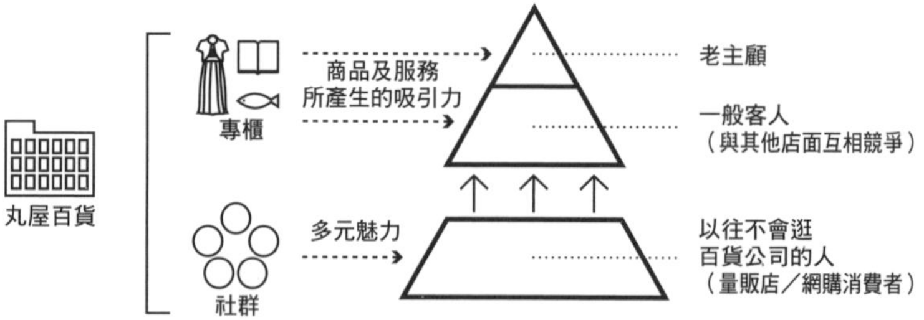

專櫃吸引力與社群魅力彼此相輔相成。

須用其他方式。如果有人覺得社群舉辦的其中一項活動很有趣，他就有可能前來丸屋花園。因此，我們需要五花八門的專案活動。以不疲於奔命為前提，當地社群若是能提供愈多種活動，即愈有機會讓客人對其中一項感興趣而來到百貨公司。

由社群製造「想去百貨公司的理由」

由於一個花園每天會由多組社群輪流使用，因此丸屋花園需要專人負責協調社群。所以我們在進行這項專案之初，即請丸屋總公司派兩名職員進行協調規畫，全程參與社群的各項籌備工作。隨後，我便與協調員們走訪鹿兒島市內的非營利組織、各類社團、俱樂部等超過五十個活動團體，並邀請有意在丸屋花園辦活動的四十個團體參與研討會。

我們與四十個社群前後共召開了四次研討會。除了讓各個社群互相了解彼此的活動內容，並向他們說明丸屋花園的運作概念外，同時也請他們到丸屋花園的施工現場確認花園的預定位置。各個社群在過程中提出想在丸屋花園舉辦的活動，並研究如何具體實現。此外，我們也討論了花園所需的設備，並請負責建築設計的竹內先生，依照各社群的要求安裝音響及烹調設備等。同時也請確定會在花園舉辦活動的社群，多次到現場確認安裝情況。

使用花園時必須遵守一定的規矩。例如會發出聲音或散發味道的活動，以及與專櫃職種不符的銷售行為等都不太好。此外，有關使用花園的場租費，我們也參考了鹿兒島市內租用會議室的平均單價，並和社群討論之後決定價格。

隨著開幕在即，各社群也加緊腳步檢討開幕時的活動細節。由於有些社群未能在研討會上討論完畢，我們也另外挑時間與他們開會討論，力求活動準備周延。

丸屋花園開幕後，社群仍會繼續提出在花園舉辦的各項專案活動，其中也有些內容必須請社群稍做變更。在這種情況下，實在很難由丸屋總公司直接要求社群更改內容或拒絕提供場地，畢竟提出專案的社群也算是潛在的客群。讓社群感到「被丸屋花園拒絕」，並不是理想的做法。因此，我們決定在丸屋花園與社群之間成立一個「委員會」。委員會須站在中立的角度審核社群的提案書，並視情況要求他們改善內容。委員會成員由鹿兒島大學的教師、天文館地區的商店街工會會長、鹿兒島市公所的市民合作課課長、丸屋花園店長、丸屋總公司的社長玉川女士、藝術設計總監長岡先生以及筆者在內共七名人士所組成。

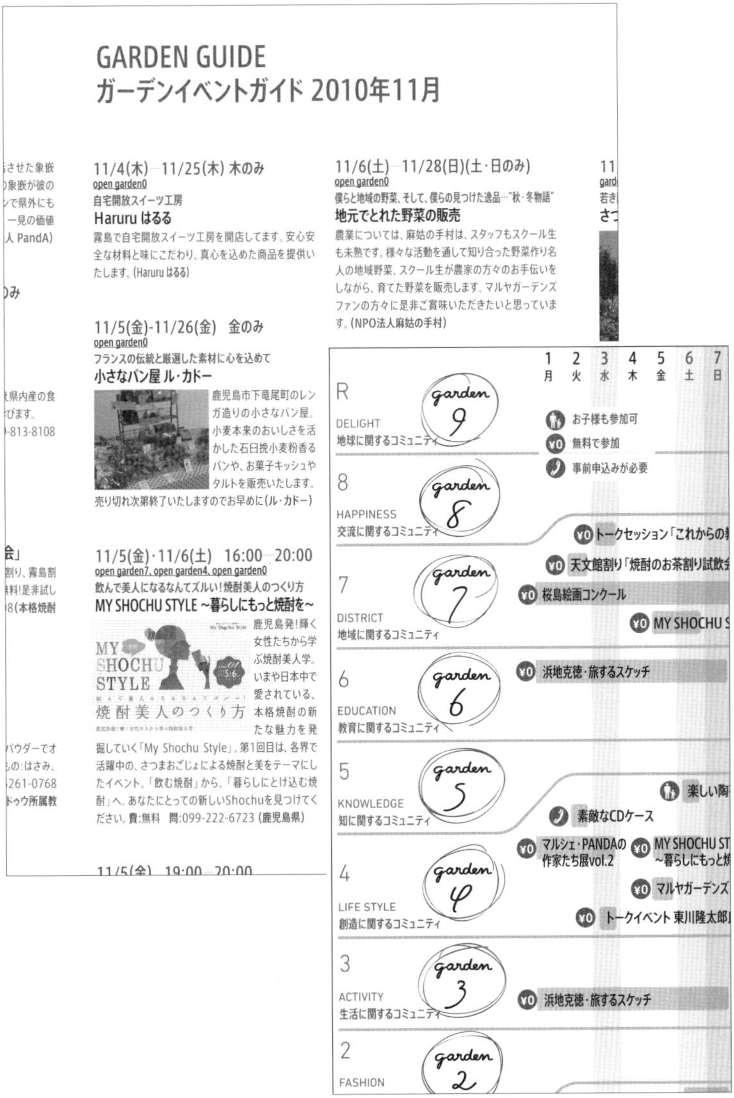
GARDEN GUIDE
ガーデンイベントガイド 2010年11月
11/4(木)–11/25(木) 木のみ
open garden0
自宅開放スイーツ工房
Haruru はるる
霧島で自宅開放スイーツ工房を開店してます。安心安全な材料と味にこだわり、真心を込めた商品を提供いたします。(Haruru はるる)
11/5(金)-11/26(金) 金のみ
open garden0
フランスの伝統と厳選した素材に心を込めて
小さなパン屋 ル・カドー
鹿児島市下竜尾町のレンガ造りの小さなパン屋。小麦本来のおいしさを活かした石臼挽小麦粉香るパンや、お菓子キッシュやタルトを販売いたします。売り切れ次第終了いたしますのでお早めに(ル・カドー)
11/5(金)・11/6(土) 16:00–20:00
open garden7, open garden4, open garden0
飲んで美人になるなんてズルい!焼酎美人のつくり方
MY SHOCHU STYLE ~暮らしにもっと焼酎を~
MY SHOCHU STYLE
焼酎美人のつくり方
鹿児島発!輝く女性たちから学ぶ焼酎美人学。いまや日本中で愛されている、本格焼酎の新たな魅力を発掘していく「My Shochu Style」。第1回目は、各界で活躍中の、さつまおごじょによる焼酎と美をテーマにしたイベント。「飲む焼酎」から、「暮らしにとけ込む焼酎」へ。あなたにとっての新しいShochuを見つけてください。費:無料 問:099-222-6723 (鹿児島県)
11/6(土)–11/28(日)(土・日のみ)
open garden0
僕らと地域の野菜、そして、僕らの見つけた逸品…"秋・冬物語"
地元でとれた野菜の販売
農業については、麻姑の手村は、スタッフもスクール生も未熟です。様々な活動を通して知り合った野菜作り名人の地域野菜、スクール生が農家の方々のお手伝いをしながら、育てた野菜を販売します。マルヤガーデンズファンの方々に是非ご賞味いただきたいと思っています。(NPO法人麻姑の手村)
1 月 2 火 3 水 4 木 5 金 6 土 7 日
R DELIGHT 地球に関するコミュニティ garden 9
お子様も参加可
無料で参加
事前申込みが必要
8 HAPPINESS 交流に関するコミュニティ garden 8
トークセッション「これからの
7 DISTRICT 地域に関するコミュニティ garden 7
天文館割り「焼酎のお茶割り試飲会
桜島絵画コンクール
MY SHOCHU S
6 EDUCATION 教育に関するコミュニティ garden 6
浜地克徳・旅するスケッチ
5 KNOWLEDGE 知に関するコミュニティ garden 5
楽しい陶
素敵なCDケース
4 LIFE STYLE 創造に関するコミュニティ garden 4
マルシェ・PANDAの作家たち展vol.2
MY SHOCHU ST ~暮らしにもっと
マルヤガーデンズ
トークイベント 東川隆太郎
3 ACTIVITY 生活に関するコミュニティ garden 3
浜地克徳・旅するスケッチ
2 FASHION garden 2

丸屋花園的活動行事曆。一開始是放在樓層簡介裡，但隨著活動愈來愈多，最後另行製作。（設計：D&DEPARTMENT PROJECT）

市民的百貨公司

二〇一〇年四月二十八日開幕之際，除了八十多家店鋪之外，二十個社群活動也在各樓層的花園展開。接著在四個月內，社群的活動種類增加到三十七種，每個月舉辦的場次也成長至兩百場左右。其中有數項活動已經吸引了一批忠實的愛好者，每逢該社群舉辦活動，他們一定會前來丸屋花園。致力推廣環保生活的團體即表示：「過去活動都是在市民活動中心舉辦，只有原本就對環保有興趣的人才會來參加。但是在丸屋花園辦活動後，我們可以向更多人傳達環保生活的重要。」

期間也發生了一件有趣的事：有位設計師創立了以能在土壤分解的材質製作的服裝品牌「ECOMACO」，租借了兩星期的花園舉辦商品展銷會。兩星期後，雖然「ECOMACO」如期結束展銷，花園也改辦其他活動，但是花園旁的服飾精品店卻開始銷售起「ECOMACO」的服裝了。據說是店主很喜歡他們的衣服，因此引進門市銷售。而當初在花園打工銷售「ECOMACO」服飾的女生，也獲得該精品店的聘用。究竟店主是真的喜歡「ECOMACO」的服飾，還是喜歡那位打工的女生呢？詳情我就不得而知了。

NPO法人「麻姑之手村」，是在地下一樓的花園裡販售中輟兒童栽種的蔬菜的店家。該組織的理事長看到蜜柑組設計的百貨公司如此時尚，頓時覺得自己的賣場顯得有些格格不入。儘管試著依樣畫葫蘆，但製作出來的活動簡介看板怎麼看都十分拙劣，使這塊販售蔬菜的攤位與周圍經過專人設計的店家風格落差甚大。與這位非營利組織的理事長討論過後，我立刻向他介紹了鹿兒島大學的建築系學生，因為學生們正好需要場地實際發揮專長，因此便請學生們設計一個不比周遭專櫃遜色的展售攤位。數星期後，攤位已經煥然一新，理事長也十分滿意，說道「攤位設計變漂亮後，中輟兒童們也能滿懷自信地銷售商品，在找錢給客人時大聲地說：『謝謝光臨』了。」唯一的煩惱就是兒童有了自信心後，便相繼離開了展售攤位。

社群與專櫃互相合作的機會也增加許

與中輟兒童一起栽種蔬菜的自由學校「麻姑之手村」。

「麻姑之手村」的蔬菜銷售攤位。與周圍時尚的專櫃相比，顯得有些寒酸。

經過鹿兒島大學建築系學生指導後煥然一新的攤位。販售商品的工作人員也顯得有活力。

多。在一場多達一百名建築師參與的專題研討會舉行當天，六樓的書店即就建築相關的書籍進行重點銷售，並在七樓的咖啡廳舉辦交流會，接著在八樓的結婚廣場續攤。這即是丸屋花園的協調員努力讓社群與專櫃結合，使其相輔相成、互助受惠的結果。

協調員的角色不容小覷。在二〇一一年四月迎接開幕一週年時，丸屋花園即新增了一名協調員。他就是曾經為讓中輟兒童販售蔬菜的「麻姑之手村」設計過展售攤位的鹿兒島大學學生。攻讀建築的他，因為想從事培養公共空間人才的工作，因此希望到丸屋花園工作。從研究所畢業後，他即到「studio-L」接受短期研修訓練，現在正以協調員的身分在丸屋花園一展長才。

耕耘者——讓個人也能參加的機制

「社群都是既存的團體，並以團體的名義向花園租借場地辦活動」，這是過往的模式。但是這樣一來，雖然不屬於任何團體，可是也想為丸屋花園盡一份心力的人，便無法以個人身分參與丸屋花園的活動。因此，我提出了新的「耕耘者」（cultivator）機制。

耕耘者指的是「耕耘」花園的人。例如主動宣傳丸屋花園所舉辦的各項活動資訊，或者維護空中花園、念童書給孩子聽等等，耕耘者便是扮演「一邊支援丸屋花園的運作，一邊實現自己想做的事」的角色。第一波的耕耘者活動，就是擔任報導丸屋花園活動的「採訪記者」。丸屋花園的十座花園每天都有五花八門的活動，而如何有效宣傳這些活動便相當重要。於是我提議成立可讓個人參與的新社群，並且訓練他們成為持續宣傳丸屋花園活動的記者。

二〇一〇年九月開辦了記者培訓講座，學員可向攝影師學習拍攝美麗的照片、向作家學習寫出通順的文章，以及學習採訪的方法和部落格、推特的使用方式。我們也要求參加者透過這項培訓流程組成新的社群，講座結束後就要以獨立活動團體的身分，報導丸屋花園與天文館地區的相關資訊。

二十七名參加者中，有的人是對丸屋花園情有獨鍾；有的人是想為天文館地區貢獻心力；有的人是想要提升拍照或寫文章的技巧；有的人則是想藉此認識新朋友……，每個人因為各式各樣的動機而在此齊聚一堂。這群有著各種不同目的的人們組成了新的社群，開始活躍於丸屋花園以及周遭地區。現在他們依舊到處採訪丸屋花園裡舉行的各項活動，並將報導發表在電子報上（詳情請參照 http://www.maruyagardens-reporter.blogspot.tw/）。

在「耕耘者」培訓講座上學習如何拍照與寫文章。

城鎮裡不可或缺的百貨公司——企業組織的公共性

文案達人渡邊潤平先生將丸屋花園的概念稱為「UNITEMENT（譯註：意指將一切要素結合在一起）」。丸屋花園並不是各部門獨立運作的百貨公司，而是將專櫃、社群、客人以及城鎮結合在一起的複合型市集。我們便是打算讓丸屋花園以這項概念為基礎，成為社區總體營造的核心。

私人企業能履行「企業社會責任」（CSR）對所在地付出貢獻的方法，並不只限於為社會事業提供資金。這些企業可以成為公共事務的中堅分子，找出適合自己經營型態的方式回饋當地。重要的是透過這種方式，讓企業自己成為「城鎮裡不可或缺的存在」，重點即在於要讓私人企業也承擔公共事務。當私人企業回饋鄉里，鄉里也會不吝支持私人企業，雙方因而建立起良好的關係，這才是重要的。我期待，丸屋花園也能成為一個對鹿兒島的社群以及天文館地區的人們來說「不可或缺的存在」。

3 新慶典

水都大阪二〇〇九與土祭——大阪、栃木・二〇〇九

因活動而展開的社區設計

有些有趣的事是會自然發生的。我正好在同一時期接到兩項工作，而且都是為了同樣目的所舉辦的。不同之處僅在於場所的特性以及後續發展。一個是在大阪中心地帶的中之島舉辦「水都大阪二〇〇九」；另一個是在栃木縣益子町市中心所舉行的「土祭」。「水都大阪」以九月為主，前後各加半個月，是一場長達五十二天的藝術盛典。「土祭」則是在九月下旬、為期十六天的藝術活動。這兩個活動的主要目的都不在於慶典本身，而是想藉由舉辦慶典來培育出一支團隊，負責後續的社區總體營造工作。

但實際上，我們無法以「有趣的事自然會發生」如此悠哉的心態來面對這兩項活動。在「水都大阪」，我們必須把三百七十名志工適當分配給一百六十位藝術家；至於「土祭」，則是要將二百六十位志工分配給二十八個團隊，以便籌備慶典。由於這兩個活動在同個時期舉行，所以我們得將「studio-L」的人員分成東西兩邊分頭進行。

有趣的反而是後續的發展。儘管社區設計的方法本身幾無二異，但是為了相同目的展開的社區總體營造後續情況卻截然不同。「水都大阪」後來的活動並沒有朝社區總體營造發展；反觀「土祭」，目前已成立了活動團體，一面經營社區咖啡館，也舉辦各項可活絡市中心發展的活動。在大都市中心地帶舉行的「水都大阪」，主要是因為大人物們互相角力，因而澆熄了志工們的熱情。至於在蕭條的地方都市中心舉辦的「土祭」，共襄盛舉的志工們則是建立起交流網絡，利用閒置的店面展開社區總體營造活動。這兩項活動的背後，即隱藏著進行社區設計時的重要關鍵，也就是「公部門」參與公共事業的正確態度。

「水都大阪二〇〇九」的社群

「水都大阪二〇〇九」是由大阪府、大阪市、關西經濟聯合會、大阪商工會議所、關西經濟同友會等關西重要組織，及中央政府單位的地方辦事處共同舉辦的活動。不但為此成立了執行委員會，也委託我統籌備志工支援的事宜。這項活動計畫邀請全國各地一百六十位藝術家在位於大阪中心地帶的中之島舉辦藝術創作展以及研討會，因此主辦方希望我能召募市民志工支援這項藝術活動，同時組織團隊、安排班表，管理為期五十二天的藝術活動流程。

當時，我認為籌備活動的過程正是團隊建立默契的良機。因為我們在兵庫縣有馬富士公園舉辦春、秋兩次慶典時，各個社群的團隊默契即因此大幅提升；籌備鹿兒島丸屋花園的開幕活動期間，同樣促進了團隊合作的默契。再看看兵庫縣家島地區的「島境探訪」、以及大阪余野川水庫的「鄉里探訪」，這兩個規模差不多的小型活動，同樣能在籌備期間產生足夠的團隊默契。所以我心想，既然「水都大阪」要招募志工支援藝術家，何不在為期五十二天的活動期間組成強大的團隊，讓他們在活動結束後成為大阪社區總體營造的重要推手呢？我向實行委員會提出了構想，對方的想法似乎也與我一致，覺得不應該

水都大阪2009。

讓「水都大阪」僅止於一項活動，希望能以各種形式讓活動的成果傳承、延續到將來的社區總體營造。

於是，我們利用關西地區各種網絡管道招募志工，找來了約三百七十位市民。接著舉行兩天的說明會，除了說明「水都大阪」的概要以外，也向志工們表示：這不僅僅是一項活動，更希望能成為後續發展社區總體營造的契機。之後便將眾人分組，依照參加者的興趣成立數個志工團隊。

我們建立了一套支援藝術家活動的機制，並且為各組團隊安排了五十二天的班表。大會期間，「studio-L」的成員一定會在駐守在當地，一方面支援志工們的活動，一方面發揮總監的角色凝聚團隊的向心力。每個團隊除了官方的活動紀錄本之外，也會自行製作紀錄本發給每位成員，或者開會討論在大會結束後的後續活動事宜。

但是「水都大阪二〇〇九」執行委員會始終無法決定如何展開後續活動。大阪府、大阪市、經濟界的想法各有些許歧異，再加上利用河岸進行活動時的諸多限制，就在各方還在研究預算及責任歸屬等問題時，執行委員會解散的日子就來臨了。我後來出席了執行委員會事務局長以個人名義召開的「水都大阪繼承與發展討論會」，席間雖然和曾參與現場活動的夥伴們討論後續事宜，卻因為找不出明確的方向而虛耗時間。活動結束至今已過了兩年，我現在仍會出席「水都大阪推行委員會」的工作小組會議，但感覺上還是在原地踏步。

在活動剛結束之際暢談下次活動願景的志工們，如今也大多各奔東西，不知去向。當時志工們常常問我：「什麼時候要開始活動？」我總是回答：「現在上頭還沒有確定執行的架構，請再等一下。」久而久之，再也沒有人來問了。歷經「水都大阪」籌備階段與執行階段而成立的新社群就此煙消雲散，實在非常可惜。

「土祭」的社群

「土祭」是栃木縣益子町所舉辦的慶典，當地以「益子燒」陶器而聞名。除了窯業之外，益子町的農業及林業也十分興盛，

當時向志工們表示，這項活動攸關往後的社區總體營造。

由於這些產業的共通點均奠基於「土」，因此決定舉行「土祭」，並由總監馬場浩史先生設定慶典的主軸概念。活動期間將展示藝術家以土為媒材的創作、舉辦製作發亮泥球的工作坊、開設製作料理的利用當地蔬菜咖啡館，以及在土製舞台上演奏音樂。對這群與土密不可分的人們來說，這場盛大活動將是一大嘗試。

「土祭」與「水都大阪」同樣是以執行委員會的形式進行籌備。擔任會長的益子町長大塚先生向我徵詢意見時，我建議採用市民參與型的方式推動整個慶典活動，並且成立數個團隊，培育他們在活動結束後負責社區總體營造的工作。這是與「水都大阪」一樣的構想。我們以這項概

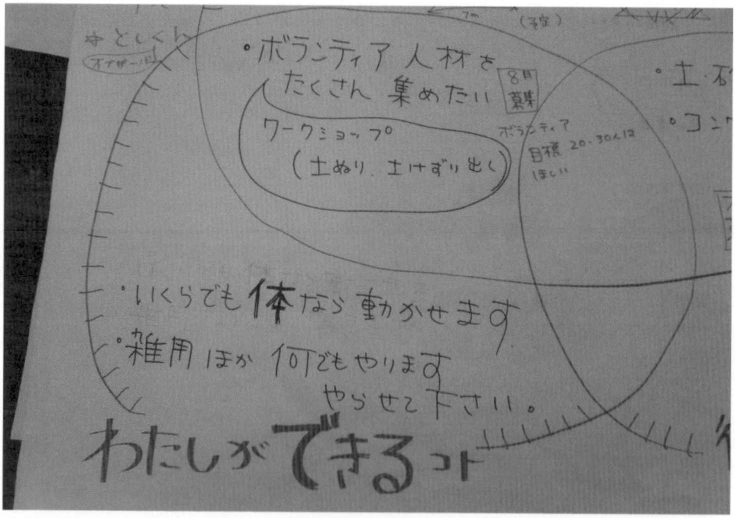

我們招募了260位志工成員，並請大家在研討會上列舉自己能力所及之事。

當地小學生組成的「小小藝術導覽員」。由一群小朋友導覽城鎮，背景則是張貼在建築物外牆的巨大海報。

念為出發點，以益子町為主招募了約二百六十名志工成員，並召集所有人舉辦全體會議，按照慶典營運所需分成二十八組，分頭負責各項任務。此外，我也向志工們表示，這個慶典不單只是一項活動，也和往後的社區總體營造息息相關。

我們在慶典開始之前即定期召開全體會議，也另外舉辦討論會，讓各團隊討論籌備事宜。在活動即將開跑前，我們舉辦了「全心待客」講座，教導大家該以何種態度接待主要來自首都圈的遊客們。由於這項慶典攸關日後的社區總體營造工作，所以我們也再次確認各個團隊在慶典結束後想要以什麼樣的方式繼續活動。此時距離慶典正式開幕僅有數天，我一再打斷各團隊手邊的工作、詢問他們活動結束後的計畫，想必讓他們十分焦躁吧？儘管如此，我依然纏著他們確認後續的相關活動，因為我認為事先確定後續活動相當重要。

一旦為期十六天的慶典正式展開後，所有人在前半期間勢必會因為要忙著招待來訪遊客，每天疲於奔命。但是到了後半

「全心待客」講座。

長達十六天的慶典。

期間，大家都已熟悉了每天的工作內容，隨著活動接近尾聲，應該就可以慢慢開始討論慶典結束後的活動事宜了吧？所以我才認為在籌備階段積極向大家確認後續的活動內容如此重要。果不其然，隨著慶典即將劃上句點，團隊內部便開始討論起後續的活動事宜了。

「土祭」結束後，來自數個團隊中的志願者組成了「土輪環（Hijinowa）」團體。由於是以「土祭」為契機串聯起圓環似的人際關係，因而如此命名。他們把「栃木綠建」團隊在慶典期間改裝市中心空屋而成的作品展示空間，重新裝潢成咖啡館及藝廊，當作「土輪環」的活動據點，並舉辦展覽會與各項活動，使參與「土輪環」的人數逐步成長，同時也增加了和町內從事其他活動的人們合作的機會。就在前不久，商業公會受到了「土輪環」活動

事前準備 ↓	成立事務局 ART WALK 實行委員會提議開辦土祭 事務局聆聽以土為媒材的創作者意見，洽詢參展意願 籲請市公所職員　加說明會 向町民召開說明會／前往附近大學召開說明會 全體會議／討論會／各組調整／全心待客講座
土祭活動期間 ↓	實施居民籌備的活動 居民團體開始運作 對來訪遊客進行問卷調查
事後	確認宣傳用的影像及採訪狀況 分享問卷調查的結果 決定繼續活動的團隊 成立「土輪環」團體

居民在「土祭」的參與流程。

「栃木綠建」組的開會情景。

的刺激，也制定了市中心的發展願景。就目前情況看來，「土祭」的確成功使人際網絡有所擴展。

「行政參與」對於公共事業的重要性

「水都大阪」與「土祭」的不同之處在哪裡？「水都大阪」是在大阪這座大都市的市中心所舉辦的活動，因此牽涉的單位相當多，地點又是在限制極多的河岸，導致後續活動難以成行，這一點毋庸置疑。不過，若是能事先規畫後續活動的大致範圍，大可不必硬要在河岸展開活動，只要先在限制較少的中之島公園裡，應該也能實施活動才對。如果能按照兵庫縣有馬富士公園經營管理的模式發展，慶典期間成立的團隊一定可以順利挑起推行後續專案活動的重任。由於中之島位於大阪的中心地帶，這點來看，往後應該也會有許多非營利組織或社團，願意聚集在中之島公園舉辦各式各樣的活動吧。如果能讓這些社群先以核心成員的身分支援「水都大阪」，他們也會從

「土輪環」利用「土祭」期間誕生的「栃木綠建藝廊」開設咖啡館。

中獲得成就感而願意繼續在中之島公園辦活動吧。

「很難協調府方、市方以及經濟界之間的關係」，每次聽到這種煞有介事的理由，都會讓我忍不住心想：要讓大都市在時代更迭中激盪出新的元素或許真的十分困難。就我所知，地方的基層自治組織都具有強烈的危機意識，應變能力也相當高，因為他們了解，公家單位如果不與市民共同合作，絕對無法克服眼前的難關。例如教育、福祉、產業振興或村落邊緣化等問題，早已不能像過去那樣僅靠公部門的力量來解決。因此，公部門單位勢必得與居民同心協力才能解決問題。

從全國各地各項實例來看，居民參與公共事業的完成度愈來愈高。最大的問題其實就是在「公部門的參與」。由於公部門力量主導公共事業的舊式作風依舊殘留至今，導致大都市的公務員完全不清楚該如何參與公共事業。如今，這個時代應該由當地居民與公家單位攜手參與公共事業，公家單位必須配合居民的步調，改變內部的審核機制。就算無法驟然改變，也要事先在制度及預算方面，設定能與居民共同合作的架構。

假設有個新的社群為了舉辦活動而成立了。當這個社群籲請行政單位進行必要的協助，行政單位是否能立刻準備就緒呢？如果打著官腔回應：「請讓我拿回去請示上級」，接著等候廳內的裁決、發還回來後再次檢討……，一再重複上述流程，只會讓居民的熱忱消磨殆盡。就算半年後回覆：「讓您久等了，經過我們多方檢討，行政方面目前無法撥出預算支援本次活動。」當初的社群也早已鳥獸散了吧。

比較起來，公部門參與公共事業的積極程度遠遠不如民間。尤其是大都市，更是令人感到力不從心。

Part 6

社會設計——以社區的力量解決課題

1 用設計解決森林問題

穗積鋸木廠專案｜三重・二〇〇七～

忍者的社區總體營造專題研討會

大家都知道，伊賀是忍者的故鄉。但是我作夢也沒想到，竟然有人會穿著忍者服裝大談社區總體營造。二〇〇六年在伊賀市舉行的社區總體營造專題研討會上，不但發表專題演講的市長穿著忍者服裝，上台分享事例的人也是忍者裝束，就連參加研討會的三百位聽眾全都打扮成忍者的模樣。不愧是忍者的故鄉，作風也非常忍者。在這場研討會上，我認識了一名年約六旬的女忍者，她說想要關閉丈夫經營的鋸木廠，接著問我能不能把鋸木廠舊址改成大家都能利用的公園，並希望我來設計這座由民間打造的公園。這項請求十分罕見，於是我立刻前往現場勘查。

穗積鋸木廠就在JR關西本線的「島原」站前面，這間由年近七十的穗積夫婦經營的鋸木廠，因為後繼無人，所以決定關廠改建成站前公園。他們表示，很希望能讓這塊地方成為當地人們聚集交流的場所。這是由於穗積家的上一代在島原村（現已和其他市町村合併為伊賀市）當了二十年的村長，深受當地人們的關照，因此身為下一代的他們，才想要把這裡改建成公園回饋鄉親。真是難能可貴。

鋸木廠的面積廣達三千平方公尺以上，其中有四個四百平方公尺的倉庫，堆放了將原木乾燥並製成木材的設備、以及用來打磨木材製成建材的機械，各式機具一應俱全。除此之外，當然還有許多庫存建材。如果把這些全部移除，僅設計成一座「讓人回味鋸木廠記憶的公園」，未免太可惜了。倒不如將它們保留下來，會顯得更有趣。由於目前並沒有太多地方可以讓人們體驗從原木變成木材的工程，因此，把這裡改成能讓人們

穗積鋸木廠的倉庫。

如實感受箇中樂趣的場所，才是最理想的做法吧。既然改建的目的是希望人們有個愉快的聚會場所，就算不蓋公園，一樣能實現這個目標。

舉例來說，如果把這裡打造成可以讓都市人在週末來這裡玩、並隨各人喜好製造家具的場所呢？由於木材這類材料需大費周章才能取得，價格往往居高不下；相對來說，讓需要材料的人自行前往當地購買原木，價格並不會太貴，更何況一棵原木可裁成好幾片木材。因此，若是我們能成立一所家具製造學校，讓人們花數星期慢慢製作家具，完成之後再宅配到府，應該可以吸引一群來自都會區的人們吧。如果當地人們願意協助這間學校，想必也能因此產生各種交流的機會。於是，我在二〇〇七年時向穗積夫婦提出這項構想。

籌備活動

如果有人想要在週末留宿當地製作家具，便需要可以吃

NPO法人「主婦會」成員以及利用當地蔬菜烹調的美味菜餚。

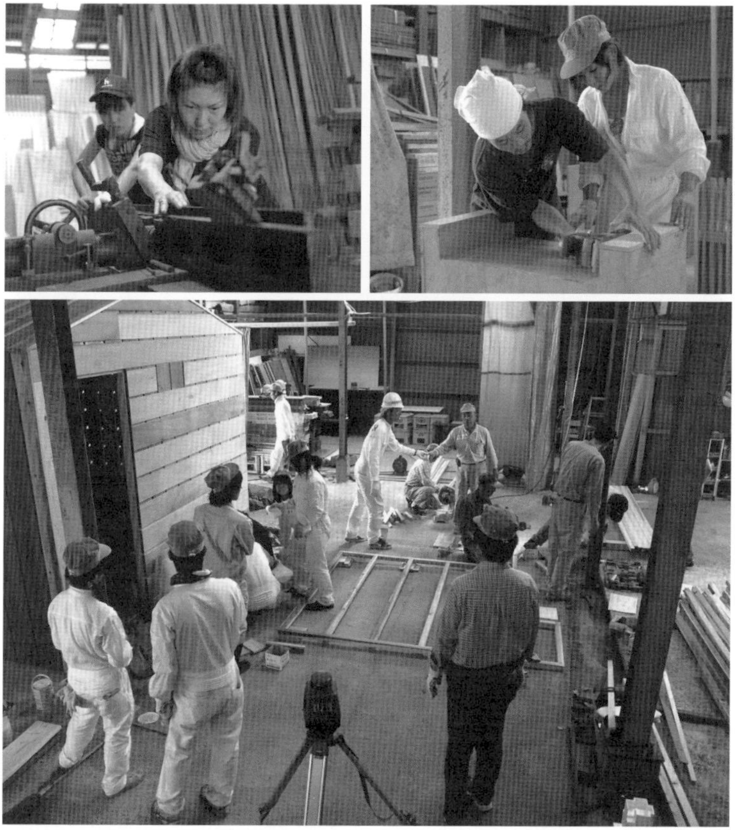

和學生一起打造建築師設計的建築物。

飯、洗澡和睡覺的地方。飲食方面，可由穗積女士主導的NPO法人「主婦會」準備餐點。她們已經在鋸木廠的入口開了一間咖啡館，為大家提供利用當地蔬菜烹調的菜餚。洗澡方面，可使用當地的溫泉設施「やぶっちゃ（譯註：「やぶっちゃ」為島原地區的方言，意指「大家」）」。剩下的只有睡覺的地方了。對此，我們的做法是請留宿者在鋸木廠內搭帳棚。但既然來到鋸木廠，「帳棚」當然全都是木製的。木製帳棚雖然有些沉重，但因為沒有打地基，可以隨意搬動，能讓人們在鋸木廠內好好睡覺休息。

為了打造這些木帳棚，我們請了六組活躍於關西地區的建築師分別進行設計，

前往家具製造學校動手試做的成員。

在參加家具製造學校的家庭成員面前示範工具使用方式的成員。

並招募學生參與建造作業。由於平時很少有機會和一群人一起打造建築師設計的建築物，因此吸引了許多來自關西地區的學生踴躍參與這項活動。參加的學生中，有的試做家具製造學校的家具；有的負責打造讓大家聚會交流的廣場；有的則是幫忙主婦會烹調餐點。學生團隊即在這段過程中慢慢找出自己的職責歸屬，成立了寢室組、家具組、廣場組、餐飲組等社群。目前約有兩百名學生登記參與這項活動。

活動設計

家具製造學校的活動十分單純。由於稱作「寢室」的木製帳棚僅六座，因此最多可接受六個家庭參與。一個人獨自參加或整個家族一起來都可以。在這六個家庭透過破冰遊戲等方式打成一片後，我們會先帶他們到山裡去確認杉木或檜木的狀況。目前國產木材的使用率不高，導致許多山林因為疏於管理而荒廢。只要和有經過管理維護的山林相比，即可知道荒廢的山林呈現何種狀態。荒廢山林的表土會流失，嚴重的話甚至會引起崩塌。所以為了維護山林，就得適度使用木材。砍伐山裡的樹木加工製成家具，便是維護山林的一種方式。我們安排這項活動就是為了讓參加者了解這一點，並且實際體驗將砍下來的原木加工成木材、再製成家具的過程。

設計：tapie

設計：SPACE SPACE

設計：ARCHITECT TAITAN PARTNERSHIP

設計：dot architects

設計：SWITCH建築設計事務所

設計：吉永建築設計工作室

建築師們設計的木製帳棚「寢室」。

參加者在週末製作未完的家具可以直接放在這裡，等下個週末再繼續工作。而像桌子或椅子等家具，大約四個週末即可製作完成。屆時將成品送到自家裡，這項活動便告一段落。透過這項為期四週的活動，重要的是讓六戶人家彼此建立起友誼，並藉此了解島原的情況，成為家具製造活動的常客。如果參加者愈來愈多，往後也可以繼續增建第七座、第八座「寢室」吧。

關於這項活動，我們目前是以示範旅遊的方式，和參加者一起思考活動的主要內容，例如：這項長達四週的活動一年能舉辦幾次？參加者對這種參觀山林、裁切木材、製作家具的活動，願意負擔多少費用？一家人來參加的話，是否需要另外準備適合女性或小朋友的活動？諸如此類。

慢慢推展活動

這項活動的特徵即在於「慢慢磨」。籌備期間耗時甚久，我們已經準備了四年歲月，但直到現在，家具製造學校依舊還沒開張。因為我們覺得最重要的是放緩腳步。突然改變這片土地、讓外來客闖進來，並且貿然推行這項全新的活動，只會引起當地居民極大反彈。變化的腳步太快，會使人們的心理來不及調適。

大家一起慢慢磨。

此外，若是操之過急，沒有時間慢慢測試活動內容的話，一切只能按照預測及計畫進行，根本沒有多餘時間藉由反覆測試持續修正活動的架構。這麼一來，與預期不符的風險也相當高。也因為是倉促準備，沒有時間完善空間設備以及工具調度，為了趕上開幕的時期，很可能要放棄一些堅持。總而言之，這種方式會使活動像是一場賭注，十分危險。

相對來說，慢慢磨的活動不會是一場賭注。我們可以一邊嘗試，一邊修正不適當之處。這樣的做法不會一敗塗地。而為了這麼做，重要的是要在沒有負債的情況下推行活動。因為如果打算向有關人士以外的單位籌措資金辦活動，就會產生利息問題。為了盡量縮小利息支出，勢必得儘早展開活動、盡快從參加者身上收取費用還債。因為時間拖得愈久，利息就愈滾愈大。

若是這項專案活動不會有利息的問題，最好的做法便是讓它一步一步成形。我們決定利用庫存的木材、藉助學生的力量搭建小屋，並使用現有的機械成立家具製造學校。如此一來，即可發現還有哪些地方需要改進，並且在修正的過程中逐步充實活動的架構。面對自己無法解決的困難時，也能立即找人幫忙，並在互動的過程中慢慢拓展人際關係，藉此讓當地人們逐漸理解這項活動，願意和外來的學生們溝通交流，進而產生新的社群。

活動進展至此，我們找到了願意留在穗積鋸木廠、指導學員製造家具的設計師，同時也一件一件湊齊了製造家具所需的工具。不但專門製造家具的工作室落成了，六座「寢室」也完工。總算到了家具製造學校可以開幕的時刻了。但是準備工作依舊進行中。我們希望一面經營學校、一面請學生繼續完成第七座「寢室」。除此之外，我們想做的還有很多，例如試做「鋸木廠年輪蛋糕」當伴手禮；製作木製的刀叉、碗盤；更想打造一處藝廊，用來展銷當地有趣但塵封多時的寶物。在此由衷盼望穗積夫婦能夠健健康康。這項專案活動若是能成為年過七十的穗積夫婦長命百歲的動力，將是我莫大的喜悅。

衝著這一點，我們還是慢慢磨吧。

2 解決社會問題的設計

＋design 專案｜二〇〇八

與卡麥隆・辛克萊相遇

當我漫不經心的翻閱雜誌（《Pen》二〇〇四年六月十五日號），目光頓時停在某一頁上。標題寫著：「無家可歸的人更需要建築設計」，介紹的人物則是帶領「人道建築組織（Architecture for Humanity）」的卡麥隆・辛克萊（Cameron Sinclair）。這個非營利組織主要是透過建築師網絡徵求適合的設計方案，幫助受到災害或戰爭影響而無家可歸的人們在當地興建棲身之處。這些住處不僅是避難所或難民營，更可從各項細節看出建築師極力想讓人們住得舒適的設計巧思。卡麥隆本身是建築師，相信建築的力量，但他目前並沒有親自操刀，而是專注於募集世界各地建築師的靈感，以便興建最適合當地的建築物。

面對當前的社會問題，「設計」究竟能做些什麼？我曾經對這個問題感到茫然，但看了那篇文章後，我開始有了明確的想法。設計並不是一種裝飾。裝點得美輪美奐不算是設計；唯有掌握問題的核心，並將它漂亮解決才稱得上是設計。設計的英語是「design」，它的語源眾說紛紜，而對我來說，所謂「de-sign」，是從訊息（sign）之中提煉精髓（de），圓滿解決根本問題的一種行為。而我追求的設計正是這一種，透過美與共鳴的力量解決人口減少、少子高齡化、都市中心衰退、邊際村落、森林問題、無緣社會等社會問題。而解決問題的重要關鍵，即在於當事者是否能夠齊心協力克服難題。我因此認為，社區設計工作即能成為大眾力量凝聚的契機。

而在全球各地展開這項活動的卡麥隆，竟然與我同年。看著卡麥隆在雜誌中擺出來的拍照姿勢，不論是開始鬆垮的下巴

有機會的話，當然要親自與卡麥隆見面交談（攝影：小泉瑛一）。

或者突出的肚腩，確實是我們這個年紀該有的體型。對他湧起親切感的我，立刻寫了封電子郵件，告訴他日本國內也有與他志同道合的設計師。「社群的力量乃是解決問題的關鍵」，這一點我與卡麥隆的看法完全一致。他也曾經摸索該如何依靠設計凝聚社群的力量。我們從此定期交換資訊，互相分享他在開發中國家的活動、以及我在日本山地離島地區所做的努力。我感覺自己多了位堅強的夥伴。我在二〇〇七年起想要透過穗積鋸木廠專案活動解決森林問題，也可說是結識卡麥隆之後所受到的啟發。

震災+design（二〇〇八年）

設計是用來解決社會課題的一種工具。因此，最重要的是透過設計的力量凝聚社群。與卡麥隆交換資訊的過程中，我堅信這一點。當我在大學的研究室（東京大學大學院工學研究科都市工學科大西・城所研究室）談起這件事，有位名叫

203X年，東京首都圈發生阪神、淡路大震災等級的大地震。某地區約有300名民眾因房屋倒塌而無家可歸，暫時前往附近的小學體育館避難。在避難的非常時期，發生了水資源不足、治安惡化、民眾衝突等各種狀況，嚴重時甚至可能導致死亡。請各位找出避難所可能產生的問題，以及設計的解決之道。

筧裕介的夥伴對這議題十分感興趣。任職於廣告代理商的筧先生，二〇〇一年九月十一日時正赴美出差，親眼目睹了那場恐怖攻擊。筧先生不禁思考，廣告或設計所能做的，難道只有刺激消費、促進經濟成長而已嗎？他的疑惑和我不謀而合。我自己也親身經歷過一九九五年一月十七日的神戶大地震。同樣體驗過重大災難的我們，開始討論不局限於物體形式的設計行為，以及如何透過設計解決社會問題。

在這段交流過程中孕育出的，便是「震災+design」專案。這是由筧先生所屬的廣告代理商（博報堂成立的「hakuhodo +design」專案小組）與「studio-L」共同合作的專案，主要是和學生們一起思考如何透過設計的力量解決震災後的避難所可能發生的各種情況。前半是研討會，後半採取較另類的競稿活動，要求參加的學生必須以兩人一組，如果一個是設計系的學生、另一個就得是其他科系的學生。例如教育與設計、護理與設計、產業與設計等，我

整理各組學生的構想。

設計的潛力

1.可永續發展的設計
2.可支撐理念的設計
3.可指引方向的設計
4.可消除隔閡的設計
5.可維繫情感的設計

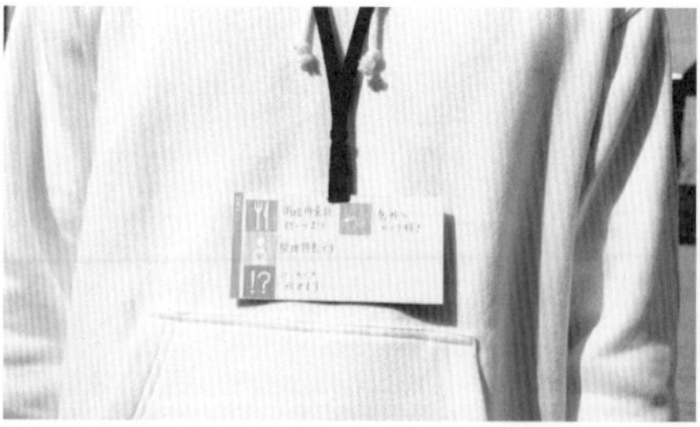

居民間溝通不良，只能仰賴行政單位或志工團體 ⟶ 可讓彼此互相了解、幫助以及分享技能的識別證

可循環使用水資源的分流標籤（Triage Tag）

設計的潛力。

們便和這二十二組共四十四名報名者一起舉行研討會，請他們列舉可能在避難所發生的問題。學生們可在整理這些問題的過程中，進一步發現更深刻的問題，於是前往資料館或翻閱書籍、上網查詢相關資訊。接著再讓學生各自把整理出來的核心問題帶回去思考，提出解決問題的設計方案。最後大家再一起整理提出來的構想，以及學生們歸納出的最終提案內容（詳情請參照http://www.h-plus-design.com/1st-earthquake）。

我們最後提出了許多可提高社群力量的構想，希望解決避難所的各項問題，例如「可讓水質狀況一目了然的標籤，讓人們在避難所循環使用寶貴的水資源」、「可用來表達感謝心意的貼紙，藉此促進居民同心

以大學生為主的研討會。

協力」、「前來避難的人們可利用卡片清楚標示自己能做的事，讓避難所步上軌道」等等（詳情請參照hakuhodo+design／studio-L合著的《設計能為震災貢獻什麼？》（震災のためにデザインは何が可能か），NTT出版，二〇〇九）。但是愈深入探討避難所可能發生的核心問題，愈明白種種問題不可能因為設計出簡便的工具就能迎刃而解。如果真的想要解決問題，便需要一套可以促使人們互助合作，並且凝聚社群力量的工具。透過這項專案活動，更使我們感受到社區設計的重要性。

二〇一一年三月，在撰寫這份書稿的期間發生了東北大地震。我立刻與筧先生討論，將「震災+design」研擬的構想付諸實行。首先，我們請避難所中的人們分別在識別證上寫下自己能做的事，整理之後再把可以標示自己能力的「服務背心」送到當地給願意在避難所服務的志工。此外，我們也準備了可讓前往當地的人們自由下載及列印輸

根據學生提案所產生的「服務背心」。避難所的志工們會貼在背後，使避難者便於開口求助。

出的網頁（http://issueplusdesign.jp/dekimasu）。由於志工們在避難所相當忙碌，許多想求助的人往往不好意思開口。但願這麼做能讓人們看到背心上的服務項目後，勇於向志工求助。

放學後+design（二〇〇九年）

第二年的課題，我們定為「孩子們放學後」（由於博報堂內部在第一年改變了專案的走向，因此自第二年起是改由博報堂生活綜合研究所與「studio-L」共同合作）。在前半的問題探討研討會上，除了三十組共六十名大學生以外，也邀請了小學生及家長參與，並且利用各種道具了解小學生如何度過放學時間。結果發現了現代兒童常見的幾項問題，例如「兒童也有歡樂星期五」、「希望有放空的時間」、「因為睡眠不足，白天總是昏昏欲睡」、「不事先安排，便沒時間玩樂」等等。我們一邊整理出這些問題，一邊為

小學生如何度過放學時間呢？在研討會上利用圖卡遊戲，可了解他們放學後的活動。

了深入探討問題的核心進行文獻調查，之後隨即請參加者提出了第一次的設計方案，再與挑選出來的十二組共二十四名學生一起實施集訓研討會。

一群人關在旅館三天兩夜，以兩人為一組分別思考設計方案，最後再由我們加以整理。一再被我們退件、重新來過的學生們，直呼這段過程簡直就像「被教練要求擊球一千次」。但這句話應該由我們來說才對，因為這十二組學生接連提出來的方案十分不明確，所以我們這三天兩夜幾乎沒睡，都在努力將學生的構想潤飾得更臻完善（詳情請參照http://seikatsusoken.jp/zokei/kodomo）。

經過千錘百煉後的提案，有「可間接掌握兒童去向的自動販賣機遊戲」、「長期支援兒童發育的母子健康手冊二十年計畫」、「由當地居民經營，可讓兒童放學後聚集的非營利餐廳」等數項，都是與兒童年齡相近的大學生才想得出來的設計方案（詳情請參照博報堂生活綜合研究所的《讓孩子擁有幸福》（こどものシアワセをカタチにする），非賣品，二〇一〇）。從這些構想中也可以看到許多和兒童社群、或者與此相關的成人社群設計方案。

值得注意的是，學生們將提出來的構想化為了具體行動。比如說，學生們提議想改善日本自創的育兒工具「母子健康手冊」，專案成員們隨即集思廣益，讓它的內容更充實。除了利用筧先生團隊製作的網頁及推特，蒐集全國家長對母子健康手冊的意見之外，也在都市及山地、離島地區舉辦的研討會或實際訪問過程中聆聽家長的心聲。我們整理了蒐集來的資訊，試做了新版的母子健康手冊，再次舉行研討會及請教專家意見後，完成了最終版的母子健康手冊。新版母子健康手冊的特色，是將兒童到成人期間的就醫、服藥歷史完整記錄下來。除此之外，還設計了許多功能。例如清楚標示必讀資訊、幫助家長增加育兒喜悅減少不安的專欄文章、鼓勵父親參與育兒的頁面等等。當兒童也成為父母的那一刻，這本手冊便是最棒的禮物（詳情請參照http://mamasnote.jp）。

我們把完成的母子健康手冊公開後，有許多媽媽說：「我們的城鎮如果採用這款母子健康手冊，我就會想要生下一胎。」不管

根據學生提案所產生的「親子健康手冊」。

是認真的還是說笑的，能做出這樣一本讓媽媽們開心的母子健康手冊，我們感到十分開心。目前島根縣海士町與栃木縣茂木町均正式採用這款新版的母子健康手冊，考慮將來採用的地方自治組織也不少。

issue + design（二〇一〇年）

第三年，我們決定不事先訂定課題（專案活動的走向再次改變，這一年是由神戶市、芬理希夢集團〔Felissimo〕、博報堂、studio-L四方共同合作），而是打算公開徵求，希望針對大部分人眼中的問題提出設計的解決方案。因為我們認為，這才是透過設計解決社會問題的方式。

於是，我們利用推特問大家：「現在

issue + design的研討會。

對你而言，最迫切的社會問題是什麼？」整理大家陸續投稿的「問題推文」後，發現可整理成六大主題（分別為防災、育兒、自行車交通、飲食、醫療與照護、外國人與移民）。接著指派引導者分別在推特上針對六項主題展開研討會。我們以兩天時間舉行限時兩小時的研討會，讓大家針對各項主題盡情推文。由於推特研討會的意見反映速度相當快，數量也非常多，因此我們拚了老命整理、串連大家的推文，試著從中找出關鍵的重點。連續敲了兩個小時的鍵盤後，對於各項課題的問題結構已十分明確。透過推特研討會的形式，我們最後把問題有系統地整理成「震災」、「飲食」、「自行車交通」三大項。接著再分別徵求解決上述問題的設計

陸續出現在網頁上的推文意見。

方案。這次的對象不限學生，社會人士也能參與。我們從募集來的三百一十七件設計中選出十六件，經過整理潤飾後，精選出每項主題的優秀作品。

提出來的設計方案，有「防止家具傾倒的動物型防災用品」、「可學習耐震相關知識的市民大學」、「可採收栽種於附近田地蔬菜的票券」、「可列出賞味期限時間順序的收據」、「可攜式握把、隨插即用的公共自行車」、「可併用自行車通勤及電車通勤的月票系統」等等，均是有關震災、飲食、自行車交通的獨特設計構想（詳情請參照http://issueplusdesign.jp）。

以社會設計（Social Design）為目標

在思考如何透過設計的力量解決社會問題之際，我們發現有兩種處理方式。一個是直接針對問題，以有形的設計進行解決。舉例來說，在自來水設備不完善的非洲村落，即可設計一種可用手推著滾動的滾輪狀儲水槽，比起把水壺頂在頭上，這種儲水槽可以在短時間內運送大量的水。這就是直接解決問題的設計方案。

另一種方式是提供可凝聚社群力量的設計方案來解決問題。同樣以非洲的村落為例，我們可以設計一種旋轉遊樂器材，讓兒童們邊玩邊把地下水貯存到高處的儲水槽，接著只要扭開水龍頭，就有水可用。透過設計刺激兒童社群聚在一起遊玩，藉此讓人們得以取水使用的解決方式。

從事社區設計工作時，大多採用後者的做法。我們不斷思考該如何透過設計提高社群的力量？該怎麼製造人與人互助合作的機會？我們也試著觀察當地的人際關係、發掘當地的資源、努力釐清課題的結構，思索該如何搭配各項元素，促使當地人們發揮力量克服自己面臨的難題，以及延續這份熱忱。後來我們發現，這些為了解決各個地域社會本身的問題的設計，其方法論與世界現有的問題有許多共通之處。從今而後，我也會繼續與在世界各地展開活動的卡麥隆・辛克萊互相分享社會設計的相關資訊，研究如何透過設計解決日本國內的課題（目前正和卡麥隆・辛克萊討論，希望與人道建築組織〔Architecture for Humanity〕合作建立東北地方的復原及復興計畫）。

此外，當全世界爭相投入社會設計之際，日本卻幾乎不見任何宣傳介紹，這也算是一大問題吧？儘管市面上已有不少英語相關書籍，但是以日語介紹的書籍依舊相當少。因此，我希望先以日語向大家介紹全世界的社會設計資訊。目前我以每月連載的形式在建設公司的宣傳刊物上為各位介紹何謂社會設計（為了在這篇連載中順利引用插圖及文字，我與全世界超過五十個投入社會設計的設計事務所取得聯繫，對我來說是莫大收穫）。但願往後能將這篇專欄集結付梓成書，讓建設公司以外的人也能閱讀。尤其是學設計的學生，我希望能讓他們了解，將來活動的領域並不限於擔任企業內部的設計師，或者任職於商業設計事務所；成為一名社會設計師，提供設計方案解決世界上各種課題，這也是極有意義的一份工作，目前全世界也已有許多人投身社會設計的行列了。當然，我也非常盼望培養有心解決國內問題的設計師。

面對日本全國各地層出不窮的問題，自然無法靠我們獨自解決。衷心期盼能有更多人願意投入社區設計的領域，藉此提高各地城鎮自行克服難關的能力。

如何透過設計凝聚社群的力量？

結語

我對社群感興趣的理由有幾項，阪神淡路大地震的影響確實是其中之一。當時我還是學生，震災剛過，我立刻戴著神戶市的黃色臂章前往災區現場，負責判定住宅全毀、半毀或部分受損，並在白色的地圖上以顏色標示，我的工作範圍是東灘區住吉。這裡根本不需要詳細檢視，幾乎只能用紅色鉛筆在地圖上標示。因為放眼望去全數毀損。記載於地圖上的道路已殘破得難以辨識，當我心情沉重地走在河岸邊，發現有一群災民聚在那裡。大家正同心協力準備食物。失去子女的夫妻則是與失去親人的家族彼此互相安慰。此時此刻，唯有人與人之間的牽繫才能讓自己的心情獲得慰藉。我意識到，儘管神戶街道已是斷垣殘壁，人們的情感羈絆始終不滅，更因此萌生重建生活的決心。那一刻使我深深感受到了社群力量的強大。

當本書原稿即將完成時，東北地方遭受強烈地震的侵襲。千頭萬緒立刻湧上心頭，讓我不由得停下了手中的筆。我心裡掙扎著，眼前應該有比寫稿更重要的事吧？但是我又想起了當年深信社群力量的自己。我告訴自己，這時候更應該完成這份有關社區設計的書稿。

災區的道路或住宅終有復原的一日，硬體設備也會在商議是否原址重建的過程中，按部就班建設，但這個時候萬萬不可忽略了人與人之間的牽繫。阪神淡路大地震發生當時，供避難者居住的臨時住宅實在少之又少，因此只能讓高齡者和殘障者優先入住。這可說是基於人道的考量，但是高齡者及殘障者與住在附近的家人有割捨不了的牽繫。他們是由家人分享晚餐以及就近照顧生活起居。結果當時卻貿然切斷這道牽繫，使得僅有高齡者及殘障者入住的臨時住宅裡，在震災過後三年即發生了兩百件以上的孤獨死亡案例。

處在非常時期，人與人之間的牽繫更不容小覷。而這份羈絆，自然需要平時多加維繫。災難發生後，人們無法像建設臨時住宅那樣有效地建立人際關係，所以平日的社群活動十分重要。因此，現在正是社區設計相關書籍應該問世的時機，這樣的想法促使我完成這份書稿。

不知道是不是體會到了我的心情，編輯井口夏實小姐不再像從前那樣對我催稿。我從第一次寫書即與井口小姐合作，迄今即將邁入第十個年頭。還記得當年與她合作的第一本書完成時，心中的喜悅無可言喻。同時也十分感謝全力支持我完成本書的學藝出版社。

多虧「studio-L」成員協助整理各項資訊及插圖。特別是替我整理各項專案資訊的醍醐孝典及西上亞里莎；為我整理插圖的神庭慎次、井上博晶、岡本久美子。謹在此向各位致謝。

不但東北復興需要社區設計，逐漸邁向無緣社會的全國各地也迫切需要加強人際關係。這不僅是為了非常時期著想，也是為了能讓我們擁有快樂充實的日常生活，結交可靠的夥伴，發掘值得全心投入的活動，過著踏實的人生。
各地若是能因為本書催生新的人際交流契機，將是筆者的莫大喜悅。

◆「studio-L」專案負責人

- 有馬富士公園：山崎亮
- 遊樂王國：山崎亮
- 聯合國兒童基金會公園專案：山崎亮
- 堺市環濠地區田野調查：山崎亮、醍醐孝典、神庭慎次、西上亞里莎
- 景觀探索：山崎亮、醍醐孝典、神庭慎次、西上亞里莎
- 千里復健醫院：山崎亮
- 家島專案：西上亞里莎、山崎亮、醍醐孝典、神庭慎次、曾根田香、山角亞里莎、岡本久美子、井上博晶、長生大作
- 海士町綜合振興計畫：山崎亮、西上亞里莎、神庭慎次、醍醐孝典、岡崎エミ、井上博晶
- 笠岡群島兒童綜合振興計畫：山崎亮、西上亞里莎、曾根田香、岡崎エミ、神庭慎次
- 余野川水庫專案：山崎亮、醍醐孝典、西上亞里莎、井上博晶
- 高樓住宅建設專案：山崎亮、醍醐孝典、井上博晶
- 泉佐野丘陵綠地：山崎亮、神庭慎次、岡本久美子、西上亞里莎
- 丸屋花園：山崎亮、西上亞里莎、神庭慎次
- 水都大阪2009：山崎亮、醍醐孝典、曾根田香、井上博晶、長生大作
- 土祭：山崎亮、西上亞里莎、岡崎エミ、井上博晶
- 穗積鋸木廠專案：山崎亮、西上亞里莎、醍醐孝典
- +design專案：山崎亮、醍醐孝典、西上亞里莎、曾根田香、岡本久美子、神庭慎次、井上博晶

臉譜書房 FS0043X

社區設計

重新思考「社區」定義，不只設計空間，更要設計「人與人之間的連結」

コミュニティデザイン

作　　者　山崎亮
譯　　者　莊雅琇
責任編輯　謝至平（一版）、郭淳與（二版）
封面設計　廖　韡
排　　版　傅婉琪
行銷業務　陳彩玉、林詩玟、陳紫晴、林佩瑜、葉晉源
編輯總監　劉麗真
發 行 人　凃玉雲

出　　版　臉譜出版
城邦文化事業股份有限公司
台北市中山區民生東路二段141號5樓
電話：02-25007696
傳真：02-25001592

發　　行　英屬蓋曼群島商家庭傳媒股份有限公司城邦分公司
台北市中山區民生東路二段141號11樓
客服專線：02-25007718；25007719
24小時傳真專線：02-25001990；25001991
服務時間：週一至週五上午09：30-12：00
下午13：30-17：00
劃撥帳號：19863813；
戶名：書虫股份有限公司
城邦花園網址：http://www.cite.com.tw
讀者服務信箱：service@readingclub.com.tw

香港發行所　城邦（香港）出版集團有限公司
香港灣仔駱克道193號東超商業中心1樓
電話：852-25086231
傳真：852-25789337

新馬發行所　城邦（新、馬）出版集團
Cite（M）Sdn. Bhd.（458372U）
41, Jalan Radin Anum, Bandar Baru Sri Petaling,
57000 Kuala Lumpur, Malaysia.
電話：+（603）-90563833
傳真：+（603）-90576622
電子信箱：services@cite.my

一版一刷　2015年3月
二版一刷　2022年10月
ISBN　978-626-315-183-3

售價：三五〇元

國家圖書館出版品預行編目(CIP)資料

社區設計：重新思考「社區」定義，不只設計空間，更要設計「人與人之間的連結」/ 山崎亮著；莊雅琇譯. -- 一版. -- 臺北市：臉譜，城邦文化文化出版：家庭傳媒城邦分公司發行，2022.10
面；　公分. -- (臉譜書房；FS0043X)
譯自：コミュニティデザイン
ISBN 978-626-315-183-3(平裝)

1.CST：社區總體營造 2.CST：日本

545.0931　　111012854